D0549448

SOMM/

cahier scientifique

coordination: Philippe LAGEIX et Philippe ROBAEY

LE POINT SUR L'HYPERACTIVITÉ

Les textes de R. Schachar, J. Sergeant, L. Hechtman ont été traduits par
P. Robaey et le texte de W. Sanderson par P. Lageix.

P.R.I.S.M.E. hiver 1992, vol. 3, no 2

L'HYPERACTIVITÉ ENTRE CLINIQUE ET EXPÉRIMENTATION

Philippe ROBAEY
Philippe LAGEIX

Un numéro de plus sur l'hyperactivité? Mais pourquoi faire? Pour faire le point, et probablement à un moment-clé de l'évolution des idées et des connaissances sur ce syndrome et son traitement. Depuis la description des effets de la benzédrine par Bradley en 1937, l'évènement majeur en recherche a eu lieu au début des années 70 avec les premiers travaux du groupe de Virginia Douglas qui ont décrit l'hyperactivité comme la conséquence d'un déficit attentionnel. Cette définition a rendu possible une approche de psychopathologie expérimentale où un élément diagnostique (le déficit attentionnel) pouvait être opérationnalisé et testé sur des données empiriques. Un nouveau courant de recherche était né dont le premier résultat a été d'invalider les hypothèses simples et sans doute trop naïves proposées au départ. Prenons l'exemple de l'hypothèse du déficit d'attention: les enfants hyperactifs sont évalués sur la base d'observations du comportement, en utilisant, entre autres, un critère tel que «a des difficultés à soutenir son attention au cours d'une tâche». Pourtant, un tel déficit d'attention soutenue n'a jamais été validé sur une base expérimentale en comparant des enfants hyperactifs et témoins.

Quitte à s'éloigner de conceptions qui gardaient pourtant une valeur opérationnelle chez les cliniciens, les chercheurs n'ont pas craint de réenvisager le problème en profondeur, d'utiliser de nouveaux instruments d'évaluation, plus sensibles et plus spécifiques, de recourir à des modèles fondés sur le concept de traitement de l'information plutôt que celui d'attention. La psychopharmacologie retrouvait ici une application, à savoir, l'étude des effets de la médication au niveau de processus psychophysiologiques bien identifiés. Parallèlement à ces travaux, l'hyperactivité était étudiée dans une perspective développementale, pour définir les facteurs de prédiction précoce, les associations avec d'autres pathologies au cours du développement et des modes d'interventions plus appropriés. Les différents types de traitement (thérapies médicamenteuses, comportementales, cognitives, etc.) utilisés seuls n'ayant en effet pas fait la preuve formelle de leur efficacité, l'hypothèse selon laquelle l'interaction de différentes approches serait plus efficace que chacune prise isolément, a conduit au concept de traitement multimodal dont l'évaluation est en cours actuellement.

Mais la complexité et les moyens exigés par ces études, y compris le temps nécessaire à leur réalisation, n'ont pas permis de proposer des alternatives valables aux cliniciens. On retrouve donc chez bien des cliniciens le sentiment que le diagnostic de la maladie reste encore peu précis (laissé d'ailleurs trop souvent à l'appréciation des parents et des enseignants), que son traitement, malgré de nombreux avatars, continue de reposer principalement sur l'administration de psychostimulants, et que les principaux changements intervenus dans le domaine ne concernent guère plus que la dénomination du syndrome, ou au mieux, la formalisation de pratiques déjà existantes.

Pourtant, le caractère très systématique de la recherche expérimentale a produit des avancées importantes, telles que la mise en évidence des difficultés du contrôle moteur, des particularités de stratégies cognitives, la définition de sous-groupes avec les implications thérapeutiques que cela implique, la meilleure connaissance des interactions entre différentes composantes psychopathologiques au cours du développement et les possibilités de prévention qui en découlent. Il fait peu de doute que les retombées de ces travaux devraient se faire sentir dans un proche avenir en clinique, mais encore faut-il que chercheurs et cliniciens se rencontrent et que leurs relations s'intensifient. Ce dossier de P.R.I.S.M.E. s'est donc voulu un carrefour où les uns et les autres pouvaient confronter les acquis de leurs expériences.

Nous avons ainsi demandé à des chercheurs reconnus au plan international de faire le point, tout en se dégageant de discours trop académiques. Rachel Klein, Russell Schachar, Aribert Rothenberger, Philippe Robaey, Joseph Sergeant, Lily Hechtman et Richard Tremblay ont ainsi contribué à ce numéro, en empruntant diverses formules, par téléconférence, par un texte en réponse à nos questions, ou encore, en livrant le protocole d'une expérience en cours ou en faisant part de leur vision rétrospective et prospective de la recherche. Nous avons aussi invité Francine Lussier à présenter les résultats de son travail doctoral réalisé à l'Hôpital Sainte-Justine. De la même manière, nous avons proposé à des cliniciens qui s'occupent quotidiennement d'enfants hyperactifs de faire le point sur leur pratique. L'entretien avec le docteur Robert Dubé qui dirige la Clinique des troubles de l'apprentissage à l'Hôpital Sainte-Justine et les articles proposés par l'équipe de la clinique spécialisée organisée par le Dr Philippe Lageix à l'Hôpital Rivière-des-Prairies témoignent des questionnements et du dynamisme novateur de ces praticiens. Enfin, nous n'avons pas voulu limiter le débat au seul champ des spécialistes de la santé mentale de l'enfant. Il nous a semblé aussi important de situer l'hyperactivité dans le contexte de notre société, en soulignant que si on pouvait la retrouver chez nos enfants, elle était également repérable dans bien d'autres manifestations de l'activité créatrice, en l'occurrence dans la peinture contemporaine.

L'ensemble du dossier contribuera, nous l'espérons, à informer des connaissances dans le domaine, et mieux encore, à faciliter les changements nécessaires. L'hyperactivité pourrait constituer dès lors un paradigme exemplaire de l'évolution des idées en pédopsychiatrie, en démontrant que des approches cliniques et expérimentales peuvent s'inspirer mutuellement et converger pour changer nos pratiques.

HYPERACTIVITÉ

MODÈLES ET RÉSULTATS EN RECHERCHE

L'hyperactivité:
TROUBLE UNITAIRE OU MULTIPLE?

Les recherches menées par le professeur Schachar ont permis de mettre en évidence un manque d'inhibition dans les aspects perceptuel et moteur du traitement de l'information chez les enfants hyperactifs. Dans le but de mieux saisir la portée de ses travaux, nous lui avons adressé les questions suivantes:

En déduisez-vous un modèle unitaire pour l'hyperactivité?

Ce manque d'inhibition serait-il la cible idéale pour une action thérapeutique?

Comment jugez-vous l'action et l'utilisation des médicaments habituellement prescrits et comment la sémiologie de l'hyperactivité (sous-types, co-morbidité) et la durée du traitement peuvent-elles modifier l'abord thérapeutique?

Russell SCHACHAR

L'auteur est pédopsychiatre, directeur du Service externe à l'Hôpital Sick Children de Toronto et directeur de la recherche pour la Division de pédopsychiatrie de l'Université de Toronto.

Il dirige un laboratoire de recherche sur la nature des déficits cognitifs dans l'hyperactivité et l'efficacité de la médication.

L'idée que le trouble déficitaire de l'attention (TDAH) répond à un modèle unique est un point de départ heuristique pour la recherche. Selon ce point de vue, le TDAH est la conséquence d'un facteur de risque unique, à la fois développemental, cognitif et neurobiologique. Ce facteur qui s'exprime directement dans le syndrome de déficit de l'attention rend l'enfant vulnérable à l'apparition d'un vaste ensemble de psychopathologies résultant de ses interactions avec l'environnement ou d'autres aspects de son développement.

Les types les plus fréquents de psychopathologies associées constituent un pattern d'interactions sociales marquées par la méfiance, l'agressivité et les crises avec les pairs, les parents ou d'autres adultes, cet ensemble étant identifié le plus souvent comme troubles de conduite. Cependant, les échecs scolaires et la mauvaise estime de soi sont également fréquents. Il découle du modèle unitaire que tous les enfants avec TDAH partagent certains facteurs essentiels, qu'ils soient développementaux, neurologiques ou neurocognitifs. Dès lors, les différences entre les enfants ne proviennent que du développement de traits cliniques associés.

Malgré de nombreuses années de recherche, il reste beaucoup d'inconnues sur l'hyperactivité. Cependant, les données disponibles ne supportent pas l'idée que le TDAH est une condition unitaire. Au contraire, elles soutiennent l'existence de plusieurs types de TDAH qui diffèrent sur des points importants. Ces sous-types se manifestent trop fréquemment pour être attribués à une coïncidence aléatoire entre deux maladies distinctes. Je considère que l'analyse de ces sous-types clarifiera la nature de ce syndrome.

Les chercheurs dans le domaine de l'hyperactivité commencent à se rendre compte des problèmes de diagnostics et de mesures qui avaient jusqu'ici obscurci d'importantes distinctions entre les sous-types de TDAH. En l'absence de mesures valides et largement utilisées des symptômes constituant le syndrome, le diagnostic était largement fondé sur les impressions des adultes, surtout des parents et des enseignants. Les échelles d'évaluation du comportement ont fourni les principaux instruments diagnostiques; bien qu'elles soient pratiques et très utiles sur bien des points, ces instruments ont l'inconvénient grave d'être subjectifs et globaux. En conséquence, on retrouve une tendance pour tous les enfants hyperactifs à se ressembler et donc, à obscurcir les distinctions entre sous-groupes.

Par exemple, il est clair que les échelles d'évaluation de comportement donnent lieu à des effets de halo. Les enfants qui se comportent de manière défiante ou disruptive sont cotés comme hyperactifs, quel que soit leur niveau réel d'activité. De plus, les questionnaires de comportement peuvent être biaisés par l'état d'esprit de l'informateur ou l'expérience préalable qu'il a de l'enfant.

Un autre problème diagnostique qui obscurcit les sous-types d'enfants hyperactifs vient du manque de clarté dans la définition des symptômes cardinaux du syndrome. Par exemple, est-ce qu'un critère d'impulsivité doit être basé sur l'observation qu'un enfant répond trop vite dans des situations d'incertitude, ou sur le fait qu'il est incapable de corriger le cours d'une action à partir du moment où elle est engagée? L'inattention d'un enfant qui ne prend pas la peine d'écouter est-elle la même que chez celui qui voudrait le faire mais en est incapable? De telles distinctions sont difficiles à poser en clinique parce que le symptôme évolue: un enfant qui est incapable de se concentrer et de réussir à une tâche exigeante peut devenir un enfant sans volonté d'essayer de réussir. Il est donc nécessaire de développer des règles permettant de faire de telles distinctions.

Une autre raison qui obscurcit les différents sous-types de TDAH découle de la fiabilité des sources d'information unique dans l'établissement du diagnostic. Typiquement, on demande à un parent de faire un commentaire sur les comportements de son enfant, malgré le fait que les symptômes varient considérablement d'une situation à l'autre. Pour essayer de minimiser ces problèmes dans notre propre recherche, nous employons des interviews diagnostiques semi-structurées dans lesquelles les parents et les enseignants sont priés de décrire des exemples récents du comportement de l'enfant dans un grand nombre de situations. C'est le clinicien et non le parent qui prend la décision quant à la présence ou l'absence des symptômes en fonction de critères définis à l'avance.

Sous-types et traits cliniques essentiels

Le sous-type le plus fréquent est celui d'enfants avec un trouble oppositionnel ou un trouble de conduite associé au déficit attentionnel. Ce sous-type représente à peu près 50% de tous les cas, aussi bien en clinique que dans la population générale.

Ces enfants sont entêtés, chamailleurs et souvent agressifs, aussi bien avec les adultes qu'avec les pairs. Seul le sous-groupe avec troubles de conduite est associé de manière significative avec des troubles familiaux graves ou une psychopathologie parentale grave. De plus, ce groupe a un pronostic plus mauvais en termes de comportements antisociaux à l'adolescence. Ces caractéristiques pourraient encore être expliquées par le modèle unitaire du TDAH; les enfants hyperactifs élevés dans un contexte social difficile développeraient des troubles de conduite et auraient en conséquence un plus mauvais pronostic. Cependant, mes collègues et moi avons montré que le sous-groupe avec troubles de conduite ne présente pas de déficit d'attention soutenue ni de déficit dans le contrôle inhibiteur de la motricité, déficits que l'on retrouve pourtant chez les enfants dont le TDAH n'est pas compliqué par les troubles de conduite. De ce point de vue, ce sous-groupe répond comme les enfants témoins et comme un groupe d'enfants avec troubles de conduite sans TDAH.

Si ces observations sont confirmées, elles pourraient indiquer que ce pattern associant TDAH et troubles de conduite se développerait de plusieurs manières. Pour certains enfants, il se pourrait que le TDAH représente un facteur de risque qui interagit avec un environnement défavorable conduisant au développement de troubles de conduite, ce qui constitue un pattern de développement en accord avec le modèle unitaire. Cependant, nos données montrent que pour beaucoup d'enfants, les symptômes de TDAH associés avec les troubles de conduite représentent un épiphénomène non spécifique qui n'a pas les mêmes implications étiologiques que le syndrome TDAH non associé aux troubles de conduite. Chez les enfants qui présentent un TDAH associé à des troubles de conduite, le comportement inattentif n'est pas causé par un déficit cognitif mais est plutôt le reflet d'un comportement oppositionnel.

Récemment, l'attention a été attirée sur un sous-groupe de TDAH constitué d'enfants qui présentent uniquement des troubles émotionnels significatifs. Le trouble émotionnel le plus fréquent que nous voyons chez les enfants hyperactifs est l'hyperanxiété, mais certains présentent un trouble d'angoisse de séparation ou ces deux troubles à la fois. Le sous-groupe TDAH avec troubles émotionnels comme l'hyperanxiété ou l'anxiété de séparation constitue 25% des cas référés pour TDAH.

Plusieurs groupes de recherche ont rapporté des différences cognitives entre ces sous-groupes. La différence la plus nette vient des études de réponses au traitement par méthylphénidate. Les enfants hyperactifs et anxieux développent plus facilement des symptômes dysphoriques et des effets secondaires aux psychostimulants et tirent un bénéfice moindre de ce traitement que les enfants hyperactifs non anxieux. Ces données suggèrent une différence fondamentale propre au sous-groupe anxieux. Pour le moment, on ne peut que spéculer sur la nature de ces différences. Pour ces enfants, l'hyperactivité pourrait être l'expression d'une anxiété sous-jacente qui pourrait à son tour être reliée à des facteurs environnementaux spécifiques.

Une importante distinction pourrait également être faite entre les TDAH avec ou sans troubles d'apprentissage. Certains ont avancé que le groupe avec des troubles d'apprentissage montre un pattern de déficit cognitif distinct. Dans notre laboratoire, nous avons montré que les enfants avec TDAH compliqués par des troubles d'apprentissage présentent des difficultés de compréhension du langage plus généralisées et plus importantes que les enfants TDAH sans troubles d'apprentissage. Par contre, les enfants TDAH sans difficultés d'apprentissage présentent des déficits plus importants dans le contrôle de l'action.

Enfin, les données s'accumulent pour valider la distinction entre TDAH avec et sans hyperactivité. Cette distinction était faite dans le DSM-III mais a été éliminée dans sa forme révisée. Le trouble déficitaire de l'attention avec hyperactivité est associé à des troubles de conduite, des difficultés sociales, une impulsivité et une distractibilité plus souvent que le trouble déficitaire de l'attention sans hyperactivité. Au contraire, le trouble déficitaire de l'attention sans hyperactivité est associé à une plus grande inertie, une plus grande apathie, une moins bonne réussite scolaire et une plus grande anxiété.

Le dernier sous-type dont je voudrais discuter découle de la distinction entre les enfants qui expriment leurs symptômes dans certaines situations seulement et ceux dont les symptômes sont généralisés. La majorité des enfants hyperactifs (75%) répondent aux critères sur la base de leur comportement à l'école mais pas de celui à la maison. Nous appellerons ces enfants "troubles déficitaires de l'attention situationnels en contexte scolaire". Beaucoup moins d'enfants, à peu près 15%, montrent le pattern opposé d'un trouble déficitaire de l'attention situationnel, mais en contexte familial, et encore moins (10%) présentent une forme généralisée, i.e. qu'ils répondent aux critères à la fois à la maison et à l'école.

Nous étudions actuellement les évaluations diagnostiques de ces enfants pour voir si ces distinctions ne reflètent pas un artéfact de mesures, mais nous ne le pensons pas. Les enfants qui répondent aux critères à l'école ne se situent même pas proches du seuil diagnostique à la maison; ils sont plutôt décrits comme des enfants normaux par leurs parents. L'inverse est également vrai pour les enfants dont les symptômes sont limités au contexte familial et à l'impression des parents.

De plus, nous avons mis en évidence des différences importantes entre ces trois groupes. Bien que le TDAH situationnel en contexte familial réponde aux critères comportementaux du trouble déficitaire de l'attention, nous n'avons pas trouvé chez ces enfants un déficit attentionnel ou cognitif. Au contraire, il semble que ce groupe ressemblerait davantage au sous-groupe compliqué par de l'hyperanxiété qu'aux deux autres sous-groupes; c'est une observation qui implique des facteurs familiaux dans la genèse du trouble. Par contre, le déficit attentionnel est retrouvé clairement dans le groupe situationnel en contexte scolaire et dans le groupe généralisé. Une histoire de retard de développement est souvent plus évidente dans le groupe généralisé et ce groupe a d'ailleurs un plus mauvais pronostic. Actuellement nous sommes en train d'examiner d'autres paramètres attentionnels ainsi que la réponse de ces sous-groupes au méthylphénidate, dans le but de délimiter de nouvelles distinctions entre eux.

Implications thérapeutiques

En résumé, les données permettent de conclure que le TDAH est l'expression de plusieurs types de pathologies sous-jacentes. Il est donc raisonnable de supposer que ces sous-types ont des étiologies différentes plutôt que communes. De plus, ces distinctions ont des implications thérapeutiques. Par exemple, le méthylphénidate apparaît comme un traitement peu efficace dans le TDAH associé à des troubles émotionnels. Quoique certains de ces enfants tirent un bénéfice à court terme du traitement, nous constatons qu'ils sont plus susceptibles de l'interrompre à cause des effets secondaires que ne le sont les enfants hyperactifs sans trouble associé.

Le sous-groupe anxieux pourrait être un bon sujet d'étude pour la recherche de traitements alternatifs tels que les antidépresseurs tricycliques. De plus, le fonctionnement familial dans ce sous-groupe nécessite de nouvelles études. En effet, il pourrait exiger des interventions psychologiques de types différents, comme des thérapies familiales. Le groupe d'enfants hyperactifs avec troubles de conduite est celui qui a le plus grand risque de psychopathologies graves, par exemple, des comportements antisociaux à l'adolescence. Le méthylphénidate diminue les symptômes de TDAH chez ces enfants comme il le fait dans le groupe sans troubles de conduite. Cependant, les relations avec les pairs et le fonctionnement familial sont plus résistants aux changements induits par la médication et requièrent des interventions thérapeutiques supplémentaires. Ces enfants et leur famille peuvent apparaître améliorés par le traitement médicamenteux mais nous croyons que les capacités parentales et les stratégies adoptées par ces familles et ces enfants exigent des traitements spécifiques, si l'on veut obtenir des améliorations significatives.

Il semble évident que les enfants dont les symptômes sont limités au contexte scolaire vont exiger des traitements différents de ceux dont les symptômes sont limités au contexte familial, et que ce traitement sera encore différent pour les enfants manifestant une hyperactivité généralisée. Les difficultés scolaires attentionnelles et de compréhension du langage seraient centrales dans l'hyperactivité scolaire alors que l'approche familiale est évidemment indiquée pour le TDAH qui s'exprime surtout à la maison.

Action et utilisation des médicaments

Le mécanisme d'action des psychostimulants est aujourd'hui relativement bien connu, en particulier leur action neurochimique. Je ne traiterai pas de ces effets mais j'insisterai plutôt sur les leçons que nous avons tirées de l'usage de ce type de traitement. Je me limiterai aux psychostimulants parce que ce sont de loin les médicaments les plus utilisés dans le TDAH.

Apparemment, une réponse positive aux psychostimulants ne dépend pas de la présence d'un diagnostic clinique de TDAH: cependant, plus la symptômatologie hyperactive est sévère, plus grand est le bénéfice clinique. Les effets du méthylphénidate sur les enfants normaux sont cliniquement les mêmes que ceux observés sur les enfants hyperactifs.

Les bénéfices cliniques des psychostimulants sont multiples: l'amélioration est observée sur la sévérité des symptômes principaux comme l'hyperactivité, l'impulsivité ou l'inattention. La qualité des interactions sociales s'améliore et la productivité augmente. Les données montrent que la médication accroît les capacités d'apprentissage. Nos propres données indiquent que le méthylphénidate a des effets à la fois spécifiques et non spécifiques sur la cognition et le traitement de l'information. Non seulement la vitesse du traitement de l'information est augmentée mais les enfants sous traitement montrent de plus grandes capacités dans certains aspects spécifiques des fonctions cognitives tels que le contrôle inhibiteur. Pour la plupart des aspects de la réponse, une dose plus grande est associée à une plus grande amélioration clinique, et ceci est vrai même à des doses aussi élevées que 1.25 mg/kg deux fois par jour.

Cependant, l'effet du méthylphénidate n'est pas unitaire. Certains enfants montrent une amélioration dans tous les aspects du comportement et d'autres, dans certains seulement. La détérioration de certains aspects du développement cognitif dont on a fait l'hypothèse pour des doses de 1mg/kg est difficile à confirmer bien qu'une étude faite récemment dans notre laboratoire par le Docteur Rosemary Tannock indique que ceci pourrait être un coût associé à la réponse clinique.

De toutes façons, il est clair que la fréquence des effets secondaires augmente avec le dosage. Nous considérons que l'utilisation du méthylphénidate doit être un aspect d'une intervention systémique. Ce n'est ni un poison ni une panacée. Un traitement complet requiert chez la plupart des enfants hyperactifs plus que la prescription d'un médicament. Cependant, il existe des familles résistantes qui n'acceptent de nouvelles interventions qu'avec l'encouragement et l'espoir qu'ils tirent des bénéfices observés par suite de l'action d'un médicament.

Le besoin d'une combinaison de modalités thérapeutiques dans le traitement du TDAH découle de la complexité du syndrome tel que nous l'avons montré plus haut, ainsi que des limites du méthylphénidate comme traitement unique. Bien que les effets à court terme du méthylphénidate soient bien établis, le bénéfice à long terme est moins clair. Aussi longtemps que l'enfant continue à recevoir son médicament, les manifestations principales du syndrome sont supprimées. Cependant, de nombreux enfants interrompent leur médication avec ou sans l'accord de leur médecin, parfois même sans l'avertir. Les symptômes réapparaissent rapidement après l'interruption du traitement.

Mais le plus préoccupant, selon nous, reste le manque d'effets démontrés du traitement à long terme par le méthylphénidate sur les symptômes associés, tels que les troubles de conduite ou les difficultés scolaires. La recherche sur l'efficacité de thérapies combinées devrait être une priorité. Ces traitements devraient être faisables et efficaces, étant donné le grand nombre d'enfants affectés par le syndrome. L'entraînement des parents à des techniques éducatives et l'existence de groupes de parents pourraient aussi s'avérer fructueux à l'avenir. Finalement, les recherches sur l'efficacité des traitements devraient tenir compte des distinctions entre les sous-groupes définis plus haut et déterminer les combinaisons thérapeutiques les plus appropriées à chacun d'entre eux. ❖

Professor Russell Schachar and his group have produced an impressive set of experiments in order to determine the nature of the cognitive deficit in hyperactive children. We have asked him to answer the following questions:

- Would you conclude to a unitary model for hyperactivity?

- Ideally, would the lack of inhibition in perceptual and motor aspects of information processing in hyperactive children be the best target for therapeutic intervention?

- How do you judge the actual drug actions and their use?

- How could the treatment duration or semiology of hyperactivity (subtype, comorbidity) affect therapeutics?

Références générales

Schachar RJ, Wachsmuth R. Oppositional disorder in children: a validation study comparing conduct disorder, oppositional disorder and normal control children. **J Child Psychol Psychiatry** 1990;31:1089-1102.

Schachar RJ, Logan G. Are hyperactive children deficient in attentional capacity? **J Abnorm Child Psychol** 1990;18:493-513.

Schachar RJ, Wachsmuth R. Hyperactivity and parental psychopathology. **J Child Psychol Psychiatry** 1990;31:381-392.

Schachar RJ, Logan G. Impulsivity and inhibitory control in normal development and childhood psychopathology. **Dev Psychol** 1990;26:710-720.

Schachar RJ. Childhood hyperactivity. Annual review of research. **J Child Psychol Psychiatry** 1991;32:155-191.

Schachar RJ, Wachsmuth R. Family function and psychosocial adversity: comparison of attention deficit disorders, conduct disorder, normal and clinical controls. **Can J Behav Sci** 1991;23:332-348.

Tannock R, Schachar R. Methylphenidate and cognitive perseveration in hyperactive children. **J Child Psychol Psychiatry** 1992;33:1217-1228.

Tannock R, Purvis K, Schachar R. Narrative abilities in children with attention deficit hyperactivity disorder and normal peers. **J Abnorm Child Psychol** (sous presse).

Tannock R, Schachar R, Logan G. Does methylphenidate induce overfocusing in hyperactive children? **J Clin Child Psychol** (sous presse).

P.R.I.S.M.E. hiver 1992, vol. 3, no 2

LES ENFANTS HYPERACTIFS PRÉSENTENT-ILS UN DÉFICIT FONCTIONNEL GLOBAL DES LOBES FRONTAUX?

Aribert ROTHENBERGER

L'auteur est professeur à

l'Université d'Heidelberg,

consultant à la Clinique

psychiatrique de l'enfant et

de l'adolescent au

Centre de Santé mentale de

Mannheim.

Il dirige un laboratoire de

recherche sur l'hyperactivité,

le syndrome de

Gilles de la Tourette et sur

les troubles alimentaires.

Introduction

Le comportement de l'enfant hyperactif pose depuis longtemps un défi aux parents, aux enseignants et aux médecins. Depuis la parution du livre écrit par Heinrich Hoffmann, nous entretenant du «Struwwelpeter», «Petit Pierre à la tête ébouriffée»), il est devenu de plus en plus compréhensible que l'on cherche à définir le substrat biologique du déficit attentionnel, en espérant trouver des moyens de mieux faire face aux difficultés de ces enfants.

L'identification des régions du cerveau responsables des perturbations fonctionnelles qui seraient à l'origine de certains troubles du comportement observés chez les enfants hyperactifs est demeurée jusqu'à présent une question sans réponse. Les hypothèses neuroanatomiques déjà testées ne reposent que sur un nombre réduit de données empiriques mais elles attribuent tout de même avec une certaine plausibilité un rôle central aux anomalies situées au niveau des lobes frontaux et des noyaux gris centraux (Zametkin et Rapoport, 1987; Rothenberger, 1990; Lou, 1990). Nous mentionnerons ici les travaux de Stamm et Kreder (1979) qui ont tenté d'établir un parallèle entre les déficits chez des patients atteints de lésions circonscrites des aires antérieures, dorsolatérales et polaires des lobes frontaux et les troubles psychologiques des enfants hyperactifs (par exemple, une

Si l'on considère les troubles cognitifs des enfants hyperactifs, on obtient quelques indices qui supportent le concept d'une dysfonction générale des lobes frontaux. Après une discussion portant sur l'ensemble du fonctionnement des lobes frontaux, différents traits comportementaux qui s'adressent principalement aux fonctions de ces régions du cerveau sont abordés en comparant deux groupes d'enfants hyperactifs avec des enfants témoins appariés selon la nationalité, l'âge, le sexe et le QI global. Les résultats mettent en évidence l'existence d'un déficit des lobes frontaux chez les enfants hyperactifs, déficit qui n'est pas global mais différencié et qui apparaît comme un fait important pour le diagnostic et la thérapie de ce trouble. Ce déficit n'est pas global mais différencié et apparaît comme un fait important pour le diagnostic et la thérapie des enfants hyperactifs.

attention inadéquate, un manque de contrôle de l'impulsivité, une mauvaise régulation des séquences motrices). Par la suite, d'autres études (Lou 1990) ont montré une réduction du débit sanguin cérébral régional, tant au niveau des aires frontales que dans la région des noyaux gris centraux. Mentionnons également les résultats de Nasrallah et coll. (1986) qui rapportent une légère atrophie frontocorticale chez 24 jeunes adultes ayant auparavant souffert d'un syndrome hyperkinétique.

Dans l'ensemble, ces résultats fournissent quelques indices en faveur de l'hypothèse d'une dysfonction générale des lobes frontaux chez les enfants hyperactifs. Cependant, l'éclaircissement de la relation entre cerveau et comportement n'apparaît encore qu'à peine amorcée avec ce concept de déficit global des lobes frontaux. Dans cet article, nous discuterons les résultats d'expériences qui cherchent à vérifier ces dysfonctions et à en préciser la nature dans l'hyperactivité.

Généralités sur le fonctionnement des lobes frontaux

De manière générale, lorsqu'on essaie de caractériser le fonctionnement des lobes frontaux, leur implication apparaît d'autant plus claire que la tâche cognitive à accomplir atteint un haut niveau de complexité. Plusieurs étapes distinctes peuvent être isolées dans le traitement de l'information réalisé au cours d'une tâche. La première étape consiste en l'élaboration d'une stratégie pour aborder la situation («quoi faire?»,tableau1). Cette stratégie est ensuite exécutée grâce aux ressources cognitives, verbales et motrices de l'enfant («comment le faire?» et «quand le faire?»). Après

Tableau 1		
Tripartition des lobes frontaux		
Décision	Site	Fonction
Quoi faire?	Orbital	Émotion
Comment le faire?	Dorsolatéral	Cognition
Quand le faire?	Aires motrices supplémentaires	Mouvement

l'exécution de la réponse, la stratégie utilisée sera comparée au plan initial, étape au cours de laquelle les fonctions mnésiques assument un rôle majeur. Enfin, une dernière étape impliquera la reconnaissance des différences entre le plan initial et le résultat effectif de l'action, mais aussi l'adaptation nécessaire à la correction ultérieure de ces différences. Cette étape repose sur la capacité rétroactive de traitement des informations. Pour résumer, une tâche ne peut être réalisée de façon adéquate que dans la mesure où la série complète des opérations a été exécutée dans le bon ordre séquentiel. Une répétition sans fin lors d'une interruption des boucles de programmation conduit à un comportement de persévération, un trait parmi d'autres d'une dysfonction des lobes frontaux. (tableau 2)

Tableau 2
Fonctions spécialisées des lobes frontaux
1.   Orientation/attention sélective
2.   Contrôle d'interférence
3.   Organisation temporelle et séquentielle
4.   Contrôle d'impulsivité
5.   Flexibilité cognitive
6.   Autorégulation de l'activité cérébrale

Comparaison de l'efficience des lobes frontaux chez les enfants normaux et hyperactifs

J'aimerais maintenant illustrer à partir de mes propres études comment les opérations liées à l'activité des aires frontales se différencient chez des enfants présentant un comportement hyperactif comparés à des enfants normaux (tableau 3).

Tableau 3			
Description des groupes cliniques			
Paramètre	NORM (n=21) x	TDAH (n=21) x	U-Test unitatéral (p, niveau)
Âge (années)	11.0	10.8	ns
QI (global)	102	102	ns
Facteurs: (valeurs de C données pour chaque item)			
Vocabulaire/orthographe	5.0	4.5	ns
Raisonnement (non-verbal)	5.8	5.9	ns
Raisonnement (verbal)	5.8	4.5	ns
Fluidité verbale	4.3	4.0	ns
Vocabulaire	4.8	4.2	ns
. construction spatiale	5.3	6.1	ns (postérieur)
. figures enchevêtrées	5.2	5.7	ns (postérieur)
nombre	3.9	3.3	ns
vitesse de perception	3.8	3.6	ns
Psychopathologie:			
. **CBCL (t, valeurs)**			
global	**49**	**69**	**≤.001**
internalisation	**49**	**65**	**≤.001**
externalisation	**50**	**71**	**≤.001**
. **échelle Conners (1969)**	**3.3**	**21.6**	**≤.001**
. **CGAS**	**85**	**47**	**≤.001**

Sujets normaux (NORM) vs. enfants hyperactifs (TDAH)
18 garçons et 3 filles dans chaque groupe; TDAH: Troubles déficitaires de l'attention avec hyperactivité; QI: Quotient intellectuel; CBCL: Child Behavior Checklist (Achenbach 1989); CGAS: Children's Global Assessment Scale (Shaffer et al. 1983)

Soulignons d'abord que les enfants hyperactifs ont montré des performances égales et même meilleures que les enfants normaux aux tests de représentation spatiale et de reconnaissance de formes inclus dans les tests d'intelligence (PSB, Horn, 1969). Ces tests faisant appel essentiellement aux fonctions des régions pariétales, on peut conclure que ces régions du cerveau fonctionnent également bien dans les deux groupes d'enfants examinés. Au contraire, comme le démontrent les résultats qui suivent, on peut observer chez les enfants hyperactifs des déficits liés à plusieurs fonctions des lobes frontaux (tableau 4).

Tableau 4
Fonction frontale

Instrument	NORM (n=21) x	TDAH (n=21) x	U-test unilatéral (p, niveau)
. Attention			
Attention-Men Test (AMT)			
- nombre total d'erreurs	18.2	23.1	ns
- temps de réaction (frappes; ms)	1389	1445	(≤.10)
Continuous-Performance Test (CPT)			
- nombre total d'erreurs	2.4	1.6	ns
- temps de réaction (frappes; ms)	406	422	ns
. Contrôle d'interférence			
Stroop-Test (t, valeurs)			
- **Lecture de mots colorés**	**40.1**	**36.6**	**≤.01**
- **Dénomination de barres colorées**	**38.7**	**35.5**	**≤.05**
- **Interférence**	**40.9**	**36.3**	**≤.01**
- Sélectivité	51.5	49.8	ns
. Organisation temporelle et séquentielle			
Reproduction d'intervalles de temps (%-déviation)			
- intra-modalité	22.1	23.9	ns
- inter-modalité	27.0	25.3	ns
Échelles de valeurs F (%-déficit)			
- **organisation séquentielle**	**14.4**	**47.4**	**≤.001**
Performance motrice séquentielle	**72**	**54**	**≤.02**
. Contrôle d'impulsivité (CI)			
Matching-Familiar-Figures-Test			
- **erreurs (n)**	**6.0**	**9.5**	**≤.01**
- **durée (sec)**	**235**	**126**	**≤.001**
Échelles de valeurs F (%-déficit)			
- **CI cognitif**	**14.9**	**47.7**	**≤.001**
- **CI émotif**	**21.9**	**53.7**	**≤.001**
- **Contrôle langagier**	**18.6**	**48.4**	**≤.001**
. Flexibilité cognitive			
Wisconsin-Card-Sorting Test			
- **exprimées en pourcentage du nombre total d'erreurs (%)**	**26.9**	**33.2**	**≤.05**
- erreurs de type persévératif	4.1	8.2	ns
Pensée divergente			
- nombre total de réponses	33.6	39.0	ns
Échelles de valeurs F (%-déficit)			
- **Persévération/distraction**	**19.4**	**62.8**	**≤.001**

Sujets normaux (NORM) vs. enfants hyperactifs (TDAH) appariés selon l'âge, le sexe et le QI global
ns =non significatif

_____*Contrôle moteur* Il est a priori surprenant de constater que les enfants hyper-actifs ont des résultats à peine moins bons que des enfants normaux lors d'un test de réaction de choix complexe (Rockstroh et al. 1990) et d'un test d'attention soutenue (Continuous Performance Test, CPT). Certes, les données démontrent la présence d'un déficit attentionnel de type quantitatif chez les enfants hyperactifs qui font plus de fautes et ont des temps de réaction plus lents. Cependant, leurs difficultés ne sont pas liées à un déficit qualitatif de l'attention, - quel que soit le type d'attention étudié: sélective, soutenue ou divisée - mais plutôt à une perturbation des processus assumant l'exécution et le contrôle des réponses motrices (Sergeant, 1990).

Cette conclusion, d'abord basée sur des données comporte-mentales, peut être aussi vérifiée au niveau neurophysiologique. En effet, la mesure des potentiels corticaux lents permet de mettre en évidence des différences de type plutôt qualitatif entre des enfants hyperactifs et des enfants témoins (Satterfield, 1990, et figure 5 de Dumais-Hubert & Rothenberger, 1990).

La figure 5 représente les résultats obtenus au cours d'une tâche de préparation motrice. Dans ce protocole, l'enfant se prépare à donner une réponse motrice. Après un premier stimulus annonciateur (S1, son de 1000 Hz d'une durée de 4 secondes) qui exige une réaction d'orientation (une

Figure 5

Différence d'amplitude moyenne du PINV entre Cz et Fz dans chaque condition expérimentale (contrôle et non contrôle)

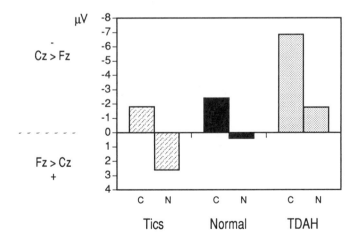

C : contrôle au-dessus de S2
N : sans contrôle au-dessus de S2
TDAH : troubles déficitaires de l'attention avec hyperactivité

tâche associée aux lobes frontaux), il doit attendre un second stimulus impératif (S2, bruit aversif) pour exécuter sa réponse. Durant l'intervalle entre S1 et S2, une négativité peut être enregistrée dans les régions centrales du scalp, négativité que les neurophysiologistes ont nommé «variation contingente négative» ou VCN. La prolongation de la VCN après le stimulus impératif S2 est appelée «variation négative post-impérative» («post imperative negative variation», PINV). Cette composante PINV est un marqueur électrophysiologique des processus associés à l'évaluation rétroactive de la qualité de la réponse.

Le protocole que nous avons utilisé comportait deux conditions expérimentales. Dans la première condition, le stimulus S2 (un son continu) s'interrompait avec la réponse du sujet. L'enfant pouvait ainsi évaluer a posteriori l'adéquation de sa réponse. Cependant, dans une deuxième condition et de manière aléatoire, le stimulus S2 n'était plus interrompu par l'exécution de la réponse motrice. Le sujet perdait donc la possibilité de rétroaction et de contrôle qu'il avait sur la tâche.

Dans cette condition de perte de contrôle, chez les sujets normaux, c'est dans les régions frontales que la PINV associée à l'évaluation rétroactive du stimulus a une amplitude maximale. Par contre, chez les enfants hyperactifs, cette focalisation n'est pas observée. Cette absence de réactivité à la perte de contrôle chez les enfants hyperactifs confirme donc un déficit des fonctions frontales associées à la rétroaction.

Contrôle d'interférence

Afin d'évaluer le contrôle de l'interférence entre deux traitements cognitifs se déroulant de manière parallèle, nous avons utilisé le test d'interférence mot-couleur de Stroop (Baümler, 1985). Le test de Stroop est basé sur la constatation suivante: si on présente un mot de couleur comme «rouge» mais imprimé en bleu et qu'on demande au sujet de nommer la couleur seulement, son temps de réponse sera plus lent que si on lui présente le mot «rouge» imprimé en rouge. De nombreux travaux ont montré qu'il était possible de détecter par ce test la présence de lésions organiques des lobes frontaux.

Par exemple, une analyse discriminante de données du Stroop a permis d'arriver à une classification correcte de 87% des sujets présentant des lésions frontales gauches (Perret, 1974). Les lésions frontales entraîneraient des capacités d'adaptation réduites dans des situations conflictuelles, surtout si ces situations sont exigeantes au niveau des habiletés verbales. Dans la passation de ces tests, les enfants hyperactifs se sont montrés plus lents que les enfants normaux. Cependant, cet allongement des temps de réponses a été observé aussi bien à la dénomination des mots colorés qu'à la dénomination des barres colorées. Aucun effet d'interférence spécifique entre le traitement du mot et celui de sa couleur n'a pu être observé. La lenteur des enfants hyperactifs ne peut donc être attribuée qu'à un facteur de ralentissement cognitif général (tableau 4).

Figure 6

Histogramme d'intervalles (consigne 15 secondes) chez deux garçons (à gauche: normal, 11,6 ans; à droite: syndrome hyperactif, 12,2 ans). La variabilité des intervalles de temps est supérieure dans le cas de l'enfant hyperactif. Les deux enfants avaient la tâche d'activer à chaque 15sec. un levier au moyen d'une flexion de l'index droit.

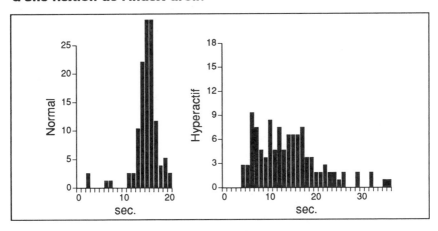

Organisation temporelle et organisation séquentielle L'évaluation du temps et l'organisation séquentielle d'une série d'actions motrices sont des fonctions classiquement assignées aux lobes frontaux (tableau 4 et figure 6). Si l'on demande à un sujet d'actionner un levier à intervalles réguliers d'environ 15 secondes, les enfants normaux réalisent cette tâche d'une manière précise et stable. Par contre, les enfants hyperactifs montrent une imprécision et une variabilité beaucoup plus élevées dans leurs réponses. Par ailleurs, si on demande à un enfant, non plus de générer sans modèle mais de reproduire un intervalle de temps donné (par exemple, l'intervalle entre deux stimulus sonores), on ne retrouve aucune différence entre les groupes témoin et hyperactif. On peut donc en conclure que lorsque les enfants hyperactifs utilisent un support externe, leur performance est comparable à celle des enfants normaux, mais si ce support externe ne leur est pas accordé, ils sont incapables d'accomplir l'épreuve de manière satisfaisante par leurs propres moyens.

D'autre part, les enfants hyperactifs semblent avoir des difficultés particulières au niveau de l'organisation séquentielle des actions motrices. En effet, dans une tâche de «performance motrice séquentielle» où il s'agit de reproduire une séquence donnée d'actions motrices, les enfants hyperactifs sont significativement moins performants que les enfants témoins. Ce défaut de l'organisation séquentielle semble également se retrouver dans la vie quotidienne. En utilisant un questionnaire développé par notre équipe et portant sur l'organisation séquentielle des actions dans la vie de tous les jours, les enfants hyperactifs démontrent en effet un déficit spécifique à ce niveau.

Contrôle de l'impulsivité

Le contrôle de l'impulsivité représente un domaine particulièrement important des fonctions fronto-corticales (tableau 4). Le test d'appariement des figures familières de Kagan (1975) qui évalue l'impulsivité cognitive a permis de montrer que les enfants hyperactifs font plus d'erreurs et répondent de manière plus impulsive que des enfants témoins. Dans la vie quotidienne, les capacités de contrôle cognitif, émotif et langagier sont évaluées en fonction d'échelles développées par notre équipe. Les enfants hyperactifs diffèrent ici significativement des enfants témoins; on voit que non seulement l'impulsivité cognitive mais aussi le manque de contrôle émotif et de contrôle langagier donnent du «fil à retordre» à ces enfants et à leur entourage.

Flexibilité cognitive

La flexibilité cognitive semble elle aussi limitée. Dans le test de Wisconsin (Heaton, 1981), les enfants sont appelés à faire le tri d'une série de cartes selon diverses caractéristiques (soit la couleur, la forme et le nombre des éléments). Le critère de tri change au cours de la passation sans que les enfants en soient informés. A partir du moment où leurs réponses deviennent erronées, ils doivent saisir aussi rapidement que possible quelle est la propriété qui sert de nouveau critère de classification. La flexibilité cognitive est évaluée selon le nombre d'erreurs, et en particulier, le nombre de répétitions. Dans ce test, les enfants hyperactifs font plus d'erreurs de type persévératif que les enfants normaux. Ce résultat est en accord avec une tendance chez ces enfants à une persévération accrue et une plus grande distraction, si l'on se base sur le témoignage des parents. Par contre, le «test de pensée divergente» (par exemple, «nomme tout ce qui est rouge») ne montrait pas de différence entre les groupes témoin et hyperactif.

Auto-régulation

La dernière fonction des lobes frontaux que j'aimerais discuter est celle de l'auto-régulation de l'activité cérébrale (Rockstroh et al. 1990). Lors d'une épreuve de «bio-feedback» au cours de laquelle les enfants apprenaient à contrôler l'amplitude de leurs ondes cérébrales lentes, les enfants avec déficit attentionnel se sont avérés capables d'atteindre une différenciation d'amplitude meilleure que celle réalisée par les enfants témoins en condition de rétroaction. Par contre, si l'on retirait la possibilité de rétroaction, les enfants avec troubles attentionnels ne parvenaient plus à maintenir la différenciation d'amplitude des potentiels corticaux alors que cela ne posait aucun problème aux enfants témoins.

Conclusion

Des indications claires suggèrent l'existence d'un déficit des lobes frontaux chez les enfants hyperactifs. Ce déficit n'est cependant pas global et ne s'applique pas à toutes les fonctions faisant spécifiquement appel aux aires frontales. Les différents déficits frontaux démontrés dans l'hyperactivité nécessitent de plus amples élaborations théoriques et empiriques. A cet égard, l'interaction entre les régions frontocorticales et les structures sous-corticales devrait être spécialement prise en considération et investiguée.

Les enfants qui souffrent de problèmes attentionnels doivent vivre avec leur déficit frontal. Pour contrôler leur comportement, ils dépendent donc plus que les enfants témoins d'un support extérieur. Toute thérapie, qu'elle soit psychologique ou pharmacologique, devrait avoir comme préoccupation d'aider les enfants hyperactifs à mieux exploiter leurs ressources frontocorticales. C'est probablement la seule manière de leur permettre de surmonter ainsi eux-mêmes, petit à petit, leurs difficultés comportementales, émotives, cognitives et sociales. ❖

There exists some evidence to support the hypothesis of a global deficit of frontal lobe functions to explain the behavior of hyperkinetic children. Resides some general functions of the frontal lobes several distinct cognitive and behavioral traits can be defined to test if the global 'frontal lobe hypothesis' has to be specified or not. Thus, two groups of hyperkinetic children from Germany and Argentina were compared with matched normal controls. The preliminary results support the frontal lobe hypothesis but also suggest that the frontal lobe deficit in hyperkinetic children seems not to be a global one and should be differentiated.

Références

Achenbach TM. Internalizing disorders: subtyping based on parental questionnaires. In: Schmidt MH, Remschmidt H (Eds). **Needs and prospects of child and adolescent psychiatry.** Bern: Hogrefe and Huber, 1989:83-92.

Baümler G. **Farbe-Wort-Interferenztest (FWIT).** Gottingen: Hogrefe, 1985.

Conners CK. A teacher rating scale for use in drug studies with children. **Am J Psychiatry** 1969;126:484-488.

Dumais-Huber C, Rothenberger A. **Post-imperative negative variation and stimulus controllability in children with psychiatric disorders.** Paper presented at the Fourth International Evoked Potential Symposium, Toronto, 1990.

Heaton RK. **Wisconsin Card Sorting Test manual.** Odessa, Fla: Psychological Assessment Resources, 1981.

Horn W. **Prüfsystem für schul- und bildungsfragen.** Gottingen: Hogrefe, 1969.

Kagan J, Messer S. A reply to "Some misgivings about the Matching Familiar Figures Test as a measure of reflection-impulsivity". **Dev Psychol** 1975;11:244-248.

Lou HC. Methylphenidate reversible hypoperfusion of striatal regions in ADHD. In: Conners K, Kinsbourne M (Eds). **Attention deficit hyperactivity disorder.** München: MMV Medizin, 1990:137-148.

Nasrallah HA, Loney J, Olson SC, McCalley-Whitters M, Kramer J, Jacoby CG. Cortical atrophy in young adults with a history of hyperactivity in childhood. **Psychiatry Res** 1986;17:241-246.

Perret E. The left frontal lobe of man and the suppression of habitual responses in verbal categorical behaviour. **Neuropsychologia** 1974;12:323-330.

Rockstroh B, Elbert T, Lutzenberger W, Birbaumer N. Biofeedback: evaluation and therapy in children with attentional dysfunctions. In: Rothenberger A (Ed). **Brain and behavior in child psychiatry.** Berlin: Springer, 1990:345-357.

Rothenberger A. Klassifikation und neurobiologischer Hintergrund des hyperkinetischen syndroms (HKS). In: Franke U (Hrsg). **Agressive und hyperaktive kinder in der therapie.** Berlin: Springer, 1988:5-26.

Rothenberger A. The role of the frontal lobes in child psychiatric disorders. In: Rothenberger A (Ed). **Brain and behavior in child psychiatry.** Berlin: Springer, 1990:34-58.

Satterfield JH. BEAM studies in ADD boys. In: Conners K, Kinsbourne M (Eds). **Attention deficit hyperactivity disorder.** München: MMV Medizin, 1990:127-136.

Sergeant J. Attentional models and the diagnosis of ADD. In: Conners K, Kinsbourne M (Eds). **Attention deficit hyperactivity disorder.** München: MMV Medizin, 1990: 121-126.

Shaffer D, Gould MS, Brasic I, Ambrosini P, Fisher P, Bird H, Aluwahlia S. A Children's Global Assessment Scale (CGAS). **Arch Gen Psychiatry** 1983;40:1228-1231.

Stamm JS, Kreder SV. Minimal brain dysfunction: psychological and neurophysiological disorders in hyperkinetic children. In: Gazzaniga MS (Ed). **Neuropsychology.** (Handbook of behavioral neurobiology, vol. 2) New York: Plenum Press, 1979: 119-150.

Zametkin AJ, Rapoport JL. Neurobiology of attention deficit disorder with hyperactivity: where have we come in 50 years? **J Am Acad Child Adol Psychiatry** 1987;26:676-686.

CONTRIBUTION DE L'HYPERACTIVITÉ AU DYSFONCTIONNEMENT FRONTAL
observé chez les enfants atteints du syndrome de Gilles de la Tourette

Cet article est le résumé d'un travail original de recherche mené par l'auteure à l'Hôpital Sainte-Justine auprès d'enfants atteints du syndrome de Gilles de la Tourette. Cette thèse réalisée dans le cadre d'un doctorat en neuropsychologie était codirigée par Maryse Lassonde, professeure au Département de psychologie de l'Université de Montréal et Docteur Guy Geoffroy, neurologue à Sainte-Justine.

Francine LUSSIER

L'auteure vient d'obtenir un Ph.D. en neuropsychologie et occupe le poste de neuropsychologue en recherche clinique aux services d'Hémato-Oncologie et de Neurologie de l'Hôpital Sainte-Justine.

Initialement décrites par le neurologue Gilles de la Tourette (1885), on attribua pendant plusieurs décennies l'étiologie de ces étranges manifestations à des facteurs psychologiques. Depuis la découverte de l'efficacité de l'halopéridol comme thérapeutique pharmacologique (Seignot, 1961), la maladie de Gilles de la Tourette est devenue un désordre neurocomportemental à caractère nettement organique dont la symptomatologie reste cependant frontière entre pathologie neurologique et psychiatrique. Bien que la documentation scientifique sur le syndrome de Gilles de la Tourette se soit, depuis lors considérablement enrichie, cette pathologie demeure encore une énigme non seulement sur le plan comportemental et symptomatologique, dont la description clinique reste encore fluctuante, mais également sur le plan neuropathologique, neuroanatomique, neurophysiologique et neuropharmacologique. Néanmoins, les études semblent converger vers une hypothèse

Une évaluation neuropsychologique utilisant des tests validés auprès d'une population de cérébro-lésés frontaux a été effectuée auprès de 24 enfants atteints du syndrome de Gilles de la Tourette (GT) et d'un groupe contrôle (GC) pairé pour l'âge, le sexe, la scolarité. Cette étude a permis de confirmer la présence d'un dysfonctionnement frontal chez les enfants atteints du Gilles de la Tourette. On trouve chez ces patients une faible capacité de planification, une lenteur dans le traitement d'information, une sensibilité accrue à l'interférence, une difficulté dans l'élaboration et l'utilisation de stratégies associatives pour la résolution de problèmes et une difficulté à manipuler deux concepts simultanément. On observe également des problèmes grapho-moteurs importants. Par ailleurs la contribution des symptômes associés, et plus particulièrement de l'hyperactivité, semble majeure dans l'expression de ces déficits et explique un grand nombre de manifestations comportementales accompagnant généralement le syndrome Gilles de la Tourette.

de dysfonctionnement sous-cortical dont les voies de projections impliquent principalement les ganglions de la base, le système limbique, le gyrus cingulae et le cortex frontal. Toutes ces structures ont à leur tour des projections importantes au cortex préfrontal. On devrait donc pouvoir objectiver des déficits cognitifs et des problèmes comportementaux reliés à cette aire corticale.

Hypothèses de dysfonctionnement frontal dans les pathologies associées

La symptomatologie du SGT se limite rarement aux critères nosologiques décrits dans le DSM III-R. Des pourcentages variés de GTs, selon les études, présentent des symptômes d'hyperactivité, de déficit de l'attention et des problèmes d'apprentissage (Cohen, Bruun et Leckman, 1988; Shapiro, Shapiro, Young et Feinberg, 1988). L'aspect multifactoriel des problèmes d'apprentissage (affectif, organique, cognitif et social) décourage toute tentative d'établir des corrélations anatomo-cliniques dans le SGT. Par contre, l'hyperactivité et le déficit de l'attention ont tous deux fait l'objet de telles corrélations qu'on associe à un syndrome préfrontal (Rothenberger, 1992; Stuss et Benson, 1986).

Le syndrome de Gilles de la Tourette (SGT) est un désordre du mouvement caractérisé principalement par des tics moteurs et sonores simples et complexes, stéréotypés, d'intensité variable, qui se développent durant l'enfance et persistent toute la vie. Le caractère singulier et dramatique de ce syndrome est l'incapacité du sujet, en dépit de sa volonté, de réprimer les manifestations motrices et vocales qui apparaissent bizarres et qui le gênent dans son rapport avec les autres.

Quant aux problèmes comportementaux observés dans nombre de cas de GTs (pour une revue, voir Cohen et al., 1988; Shapiro et al., 1988), ils reflètent également la possibilité d'un syndrome préfrontal. Comings (1987) décrit chez certains de ses patients une pauvre régulation des conduites, une impulsivité dans le comportement, des explosions fréquentes de colère ou d'agressivité, et des discours à connotation sexuelle inappropriée qu'on peut rapprocher de la description de la «personnalité frontale».

La pathologie associée qui rend le SGT si intrigant et lui confère souvent un statut psychiatrique est le syndrome obsessif-compulsif. C'est la pathologie la plus fréquemment associée au SGT. Une trentaine d'études soutiennent qu'entre 15% et 90% des GTs manifestent des obsessions et des compulsions en plus des tics et vocalisations (pour une revue de littérature, voir Robertson, 1991). Selon Cummings et Franckel (1985), la fréquence excessive du désordre obsessif-compulsif parmi les GTs suggère une base pathophysiologique commune. Ils appuient leur hypothèse sur les similitudes cliniques et les liens génétiques qui existent entre les deux pathologies. De plus, ces auteurs rapportent des succès thérapeutiques à la suite de leucotomie frontale dans les deux syndromes et ils soulignent l'efficacité de mêmes médicaments pour les deux pathologies. Les auteurs concluent que les obsessions et les compulsions représentent des planifications motrices complexes qui sont ressenties subjectivement (obsessions) ou exécutées de façon motrice (compulsions) de manière analogue aux impulsions aberrantes qui produisent les tics et les vocalisations. Par ailleurs, d'autres auteurs (Flor-Henry, Yendall et Koles, 1979) ont identifié un dysfonctionnement neuropsychologique au niveau des aires frontales dans le syndrome obsessif-compulsif qui reflète probablement les activités neurophysiologiques anormales décrites par Cummings et Frankel (1985) et qu'on devrait retrouver chez les GTs qui présentent des symptômes obsessifs-compulsifs.

Ces différentes pathologies associées au SGT semblent donc converger vers une hypothèse de dysfonctionnement frontal. Si, d'un point de vue comportemental, on peut faire l'hypothèse d'un dysfonctionnement frontal, qu'en est-il des conclusions quant aux recherches qui s'intéressent à l'étiologie organique du SGT?

Hypothèses de dysfonctionnement frontal à partir des données anatomo-physiologiques

Bien qu'il soit toujours séduisant de déterminer des foyers anatomiques précis, en corrélation parfaite avec les observations comportementales (comme c'est le cas dans ce qu'on appelle aujourd'hui le «syndrome frontal» de mieux en mieux documenté), les conclusions des études sur les différentes pathologies offrent rarement d'aussi beaux modèles. Le syndrome SGT en est un exemple évident.

Les modèles animaux offrent peu d'intérêt dans le SGT. En effet, les études qui ont pu reproduire l'aspect stéréotypé des mouvements imputable à un dysfontionnement de la dopamine se limitent toujours à une partie infime des manifestations comportementales observées chez les GTs. Cette observation n'est d'ailleurs pas un signe pathognomonique du SGT puisqu'on retrouve des mouvements stéréotypés dans de nombreuses autres pathologies (autisme, Parkinson, Huntington).

A cause de leur caractère définitif et destructeur, les études neuro-chirurgicales sont peu nombreuses et n'interviennent que dans les cas les plus lourds. Des études récentes en chirurgie stéréotaxique rapportent des succès thérapeutiques à la suite d'une cingulectomie antérieure bilatérale chez deux patients sévèrement atteints ne répondant à aucune médication (Kurlan et al., 1990) ou d'une leucotomie limbique chez un autre patient (Robertson et al. 1990). En raison de la proximité des régions impliquées et de leurs nombreuses connections avec les aires préfrontales, ces rapports cliniques s'orientent vers une hypothèse de dysfonctionnement frontal, bien qu'ils demeurent peu concluants à cause du petit échantillonnage, de l'absence de contrôles et de suivis adéquats.

Dans leurs études de potentiels évoqués (Obeso, Rothwell et Marsden, 1982), les auteurs ne trouvent aucun potentiel électrique pré-moteur caractéristique des mouvements volontaires durant l'exécution des tics; ils en concluent à une origine sous-corticale, sans précision des structures impliquées. Par contre, Rothenberger (1990) démontre un potentiel de préparation motrice situé beaucoup plus frontalement chez des enfants tiqueurs que chez des enfants normaux lors de l'exécution d'une tâche motrice.

La première étude au PET scan (Positron Emission Tomography) avec cinq cas (Chase et al., 1984) ne démontrait aucune différence dans le métabolisme du glucose pour le cerveau global mais une augmentation de 16% dans les ganglions de la base. Les auteurs suggèrent néanmoins un hypermétabolisme dans certaines portions des lobes frontaux et temporaux, bilatéralement. Une étude plus récente chez 12 patients GTs (Chase et al.1986) montre par contre un taux d'utilisation du glucose inférieur de 15% par rapport aux sujets normaux dans les régions des cortex frontal, et cingulaire, de l'insula et du corps strié inférieur. Les auteurs trouvent en plus une corrélation négative entre la sévérité des tics moteurs et vocaux et le taux de glucose dans ces régions. En 1990, Hall et ses collaborateurs (Robertson, 1991) utilisant le SPECT (Single-Photon Emission Computed Tomography), rapportent un déficit de perfusion dans les régions frontales, temporales et pariétales postérieures, de même que dans les ganglions de la base.

Les études neuropharmacologiques sont plus prometteuses pour l'élaboration d'un modèle explicatif du SGT. Il devient de plus en plus évident que cette pathologie impliquerait un dysfonctionnement du système de neurotransmission. Depuis la découverte de l'efficacité de l'halopéridol comme agent thérapeutique dans le traitement du SGT les recherches se sont multipliées. Les effets secondaires souvent dramatiques et l'inefficacité de l'halopéridol chez certains GTs ont obligé les chercheurs à trouver des alternatives de traitement; une panoplie de formules pharmacologiques ont alors été utilisées.

A cause de l'affinité spécifique de ces différents médicaments à des sites déterminés, la plupart des systèmes de neurotransmetteurs connus ont pu ainsi être impliqués dans des tentatives d'interpétation des mécanismes d'action responsables de l'expression de cette pathologie. Cependant, la grande majorité des études s'accordent pour dire que le système dopaminergique semble jouer un rôle prédominant, les autres systèmes (noradrénergique, sérotonergique, cholinergique, gabaergique, endorphinergique) ayant une contribution plus ou moins importante d'inhibition, d'excitation, de facilitation ou de régulation sur le système dopaminergique lui-même. Il s'agirait en fait d'une activation accrue des neurones à dopamine. Le mécanisme pathogénique responsable des manifestations cliniques reste indéterminé, par ailleurs, on sait que l'équilibre du système dopaminergique est essentiel pour les fonctions du lobe frontal. Si l'innervation dopaminergique est perturbée, des déficits similaires à ceux qu'on observe dans les dommages frontaux apparaissent (Brososki et al. 1979).

A partir des différents constats dans les études des pathologies associées et les données neuro-anatomo-physiologiques, on possède de plus en plus d'évidences de l'implication des lobes frontaux et plus spécialement préfrontaux dans les manifestations comportementales du SGT. La présente étude a donc tenté de mettre en évidence des déficits neuropsychologiques associés à ces aires.

Méthode

Sujets L'étude porte sur un groupe expérimental de 24 enfants GTs et un groupe contrôle de 24 enfants normaux comparables pour l'âge, le sexe la scolarité. Dans le groupe expérimental, tous les patients ont été référés par le service de Neurologie de l'Hôpital pédiatrique de Ste-Justine pour lesquels un diagnostic de SGT a été conjointement posé par le neurologue référant et la pédopsychiatre rattachée à ce service. Une sélection a d'abord été effectuée sur l'âge (de 9 à

Figure 1

Echelle de sévérité des tics selon la grille de cotation de Shapiro et al. 1988

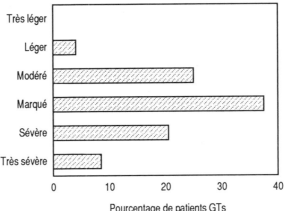

Pourcentage de patients GTs

15 ans) afin d'utiliser la même batterie de tests neuropsychologiques pour tout l'échantillon. De plus, les patients GTs présentant une pathologie mixte autres que les symptômes fréquemment associés ont été éliminés de l'échantillon. Ainsi, deux sujets ont été retirés, le premier parce qu'il présentait un syndrome d'Asperger, le second parce qu'il était psychotique. Le groupe final était donc constitué de 5 filles et de 19 garçons.

L'échelle de sévérité des tics (Shapiro et al., 1988) et un questionnaire symptomatologique ont permis de préciser les caractéristiques de la population de patients GTs. Dans le présent échantillon, sur une échelle de 0 à 6, la moyenne de sévérité des tics était de 4,1 (E.T. = 2.072) avec distribution normale et légère assymétrie négative. Le groupe présentait ainsi une sévérité marquée selon la grille de cotation de Shapiro (figure 1).

Les fréquences relatives quant aux symptômes directement reliés à la présentation clinique du SGT (figure 2) reflètent assez bien ce que l'on observe en général dans cette population: ainsi, les tics faciaux et de la tête sont les plus fréquents et les tics simples apparaissent plus souvent que les tics complexes; tous les sujets présentent des tics sonores, critère obligatoire pour le diagnostic.

Instruments Le Child Behavior Checklist (Achenbach et Edelbrock, 1983) a été administré aux deux groupes. Cet instrument permettait de comparer le groupe contrôle au groupe expérimental quant à un certain nombre de caractéristiques dont quelques-

Figure 2

Symptômes directement reliés à la présentation clinique du SGT.

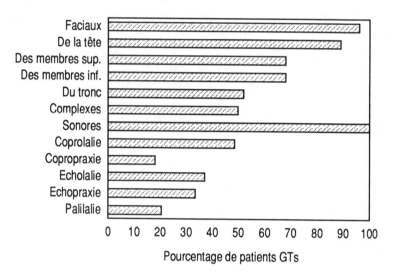

Pourcentage de patients GTs

unes sont fréquemment associées au SGT: obsession-compulsion, retrait social, hyperactivité, agressivité.

Une batterie de tests neuropsychologiques a été utilisée pour vérifier l'intégrité de chacune des aires cérébrales. Pour répondre plus spécifiquement à l'hypothèse formulée concernant un dysfonctionnement frontal chez les GTs, les tests reliés aux aires préfrontales sélectionnés à partir de la littérature chez les cérébro-lésés ont été administrés. Les procédures utilisées ont été décrites ailleurs (Lussier, 1992). La liste des tests utilisés apparaît aux figures 1 et 2.

Déroulement Tous les sujets, patients et contrôles en alternance, ont été évalués individuellement par le même expérimentateur et dans un même local à l'Hôpital Ste-Justine. La durée moyenne de l'évaluation était de cinq heures, réparties en deux périodes séparées par une pause pour le dîner. La passation des tests a été faite dans le même ordre pour tous les sujets.

Résultats

Observations cliniques durant l'évaluation des enfants Avant d'aborder l'analyse des résultats obtenus par des mesures formelles, quelques généralités permettront de mieux cerner le caractère distinctif des GTs qui les oppose au groupe contrôle. De façon générale, tous les enfants semblent avoir apprécié le fait de participer à un projet expérimental, cependant une bonne majorité des GTs éprouvaient plus de difficulté à maintenir un effort constant durant l'évaluation, montraient un seuil de tolérance à la frustration plus bas que chez les sujets normaux et paraissaient également plus facilement distractibles; plus qu'avec les sujets contrôles, il fallait maintenir un encadrement strict pour arriver à les centrer sur la tâche. Par ailleurs, les GTs répondaient bien à cet encadrement et présentaient peu de tics parce qu'ils restaient tout de même suffisamment concentrés sur les tâches; les tics n'apparaissaient, le plus souvent, qu'entre les activités proposées. La qualité relationnelle de ces enfants était aussi adéquate que celles des sujets normaux. Dans la conversation qu'ils initiaient spontanément, ils étaient aussi loquaces et communiquaient aussi aisément. Par contre, plusieurs d'entre eux avaient plus de difficulté à élaborer un contenu en réponse à une demande spécifique. Ils semblaient notamment avoir peu «d'insight» sur leur comportement ou leurs compulsions. On notait chez les GTs une certaine lenteur dans le traitement d'information, la durée totale de l'évaluation était d'ailleurs généralement plus longue avec eux. Les activités chronométrées suscitaient plus de stress chez les GTs. Le caractère neurologique a été amplement confirmé par l'observation des conduites motrices: on trouve chez ces enfants plus d'hyperactivité, d'impulsivité, de même qu'une pauvre coordination grapho-motrice.

Questionnaire d'inventaire comportemental: CBCL Pour toutes les variables examinées au CBCL, les GTs présentent des problèmes de comportements significativement supérieurs à ceux du groupe contrôle. De plus, on retrouve plus de 50% d'enfants GTs dépassant le seuil pathologique déterminé par Achenbach (score $t > 70$) pour le retrait social, l'obsession-compulsion, l'hyperactivité et l'agressivité comparé à moins de 20% chez les sujets contrôles comme on peut le voir la figure 3. La délinquance est la seule variable clinique pour laquelle on ne trouve pas de différence significative entre les deux groupes.

L'influence de ces covariables comportementales sur les variables dépendantes sera considérée plus loin.

Déficits sur les mesures neuropsychologiques Toutes les variables ayant servi à mesurer le fonctionnement cognitif de l'une ou l'autre des aires cérébrales ont été soumises à

Figure 3

Pourcentage de GTs et de sujets contrôles qui présentent des scores t > 70 au CBCL.

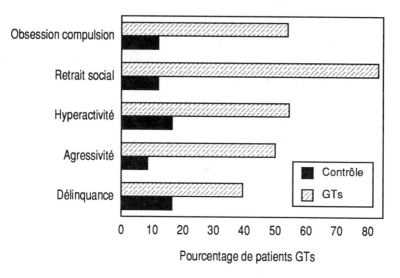

Pourcentage de patients GTs

l'analyse de test de Student. Les mesures frontales sont regroupées selon les fonctions auxquelles elles sont censées appartenir. Les autres variables non spécifiquement frontales sont également regroupées en fonctions: les fonctions intellectuelles générales (WISC-R), les fonctions mnésiques (mémoire de reconnaissance, échelle neuropsychologique de mémoire de DENMAN, apprentissage d'une liste de mots au CVLT), les fonctions somesthésiques (Test de Performance Tactile, Aesthésiomètre) et les fonctions motrices (Performance Unimanuelle). Les tableaux 1 et 2 donnent les moyennes obtenues pour chacun des deux groupes et le seuil de signification de la différence entre les groupes.

On note ainsi que, pour la majeure partie des tests frontaux utilisés, les GTs donnent un moins bon rendement. Ils éprouvent entre autres de la difficulté dans les tâches de planification. En effet, les GTs font plus d'erreurs de planification dans les Labyrinthes; la planification lors de l'exécution en copie de la Figure Complexe de Rey est inadéquate; et enfin, ils prennent plus d'essais pour reproduire les modèles de la Tour de Londres; le temps de planification est également plus long chez les GTs, bien que cette variable ne soit pas significative pour distinguer les groupes.

Pour la majorité des tâches chronométrées, avec une composante motrice ou non, les GTs éprouvent plus de difficultés que le groupe contrôle, permettant ainsi d'évoquer une lenteur d'idéation dans le traitement d'information complexe. Par exemple, à la Fluidité Verbale, les enfants GTs produisent moins de mots; dans les Dessins avec Blocs et les Histoires en

Tableau 1

Liste des tests frontaux utilisés, moyenne pour chacun des deux groupes et seuil de signification aux tests-t de Student

Mesures	GTs	GC	p
Fluidité verbale			
. phonémique	**18,21**	**23,42**	**.011**
. sémantique	**42,54**	**51,00**	**.021**
Fluidité graphique			
. production originale	32,42	37,58	ns
. nombre d'erreurs	**38,47**	**14,34**	**.018**[1]
CVLT			
. interférence proactive	**0,54**	**0,00**	**.004**[1]
. interférence rétroactive	**0,63**	**0,13**	**.032**[1]
Inhibition motrice	1,39	1,30	ns
Wisconsin			
. erreurs persévératives	25,08	20,33	ns
. catégories réussies	5,13	5,71	ns
Performance bimanuelle	**38,42**	**49,04**	**.028**
Mémoire associative			
. nombre d'essais	**131,71**	**96,58**	**.021**
. nombre d'erreurs	**57,92**	**35,75**	**.013**
Stroop			
. interférence	**27,74**	**32,46**	**.050**[1]
Tour de Londres			
. nombre d'essais	**25,29**	**20,92**	**.006**
. temps de planification	6,33	4,23	ns
Mémoire de récence			
. dessins représentatifs	4,92	3,92	ns
. dessins abstraits	6,48	6,35	ns
Pointage autodéterminé			
. nombre d'erreurs	**10,25**	**7,38**	**.022**[1]
Figure complexe de Rey			
. copie (planification)	**7,54**	**11,08**	**.005**[1]
Labyrinthes (WISC-R)	**9,71**	**12,58**	**<.000**
Code (WISC-R)	**7,42**	**11,13**	**<.000**[1]
Dessins avec blocs (WISC-R)	**11,74**	**13,58**	**.042**[1]
Histoires en images (WISC-R)	**10,83**	**12,13**	**.049**[1]

1. Après extraction de la variance expliquée par les covariables (hyperactivité, agressivité, obsessions-compulsions), la différence entre les groupes disparaît pour ces variables.

Images, les GTs solutionnent le même nombre de problèmes mais y mettent beaucoup plus de temps que les enfants du groupe contrôle, diminuant ainsi le score final; enfin, la Performance Unimanuelle semble tout à fait adéquate mais les GTs sont plus lents à la Performance Bimanuelle, le matériel à traiter étant plus complexe.

Les GTs présentent peu d'habileté dans l'élaboration de stratégies pour retenir une certaine quantité d'information. A la Mémoire Associative, par exemple, ils n'élaborent aucune stratégie pour associer le stimulus lumineux visuo-spatial au stimulus visuo-séquentiel et apprendre ainsi plus rapidement tous les stimuli; de même, au Pointage Autodéterminé, ils font un grand nombre d'erreurs parce qu'ils ne procèdent pas à des regroupements, ce qui favoriserait le maintien de l'information.

Les GTs démontrent également une grande sensibilité à l'interférence; la troisième condition du Stroop est échouée chez les GTs de même qu'ils font plus d'erreurs au CVLT: ils confondent les mots de deux listes apprises séparément, se montrant ainsi sensibles à l'interférence proactive et rétroactive.

On note chez les patients GTs une production pratiquement équivalente à celle des enfants du groupe contrôle à la Fluidité Graphique. Par contre, ils y font un plus grand nombre d'erreurs, signifiant ainsi qu'il y a une perte d'objectif, c'est-à-dire qu'ils perdent de vue les contraintes imposées dans la production de dessins abstraits: ainsi, les GTs font plus de gribouillis ou des dessins trop semblables; ou encore, ils font plus souvent des dessins représentatifs plutôt que strictement abstraits.

Par ailleurs, on note que, contrairement à nos hypothèses, les GTs font preuve d'une capacité d'inhibition motrice de même qu'ils se montrent capables d'une certaine souplesse mentale au Wisconsin. Les tâches de Mémoire de Récence qui avaient permis d'identifier des lésions frontales chez les cérébro-lésés sont tout à fait normales chez nos enfants Gilles de la Tourette.

Pour ce qui est du fonctionnement intellectuel général, les GTs donnent un rendement comparable aux enfants du groupe contrôle pour tous les sous-tests verbaux du WISC-R. Les GTs obtiennent par contre un QI non-verbal significativement inférieur à celui du groupe contrôle car plusieurs des sous-tests identifiés ci-haut exigent l'intégrité des lobes frontaux. Les fonctions somato-sensorielles sont tout à fait normales chez nos GTs. Mises à part les tâches grapho-motrices (Code) et visuo-praxiques (Figure Complexe de Rey) particulièrement déficitaires chez les GTs, les fonctions motrices sont en général tout à fait comparables à celles du groupe contrôle. De fait, parmi les mesures non frontales, seule la fonction mnésique semble être touchée chez les GTs: mémoire de récit et de mots pairés, apprentissage d'une liste de mots et mémoire de localisation au TPT. Par ailleurs, les tâches de mémoire passive c'est à dire qui n'exigent à peu près aucune stratégie d'encodage (empan mnésique de chiffres ou de mots, mémoire

Tableau 2

Liste des tests non-frontaux utilisés, moyenne pour chacun des deux groupes et seuil de signification aux tests-t de Student

Mesures	GTs	GC	p
QI verbal	99,71	104,46	ns
QI non-verbal	**101,35**	**114,92**	**<.001**
Pointage autodéterminé			
. reconnaissance	7,04	7,21	ns
DENMAN mémoire			
. de récit (immédiate)	**9,67**	**11,79**	**.031**[1]
. de mots pairés (immédiate)	**8,33**	**10,04**	**.046**[1]
. figure complexe de Rey (différée)	5,92	8,25	ns
. des visages (immédiate)	9,04	9,63	ns
. de récit (taux d'oubli)	-4,48	-3,17	ns
. de mots pairés (taux d'oubli)	-1,30	-0,54	ns
CVLT (apprentissage d'une liste)			
. premier essai	6,50	7,17	ns
. essais subséquents	**40,06**	**46,63**	**.006**
Test Performance Tactile (TPT)			
. temps d'exécution	56,69	30,46	ns
. mémoire des formes	4,26	4,49	ns
. mémoire de localisation	**3,22**	**4,49**	**.011**
Aesthésiomètre			
. main droite	1,03	1,10	ns
. main gauche	1,01	1,11	ns
Performance unimanuelle			
. main dominante	193,42	200,71	ns
. main non-dominante	172,13	177,63	ns

1. Après extraction de la variance expliquée par les covariables (hyperactivité, agressivité, obsessions-compulsions), la différence entre les groupes disparaît pour ces variables.

incidentelle, reconnaissance d'images ou de visages, taux d'oubli) semblent être intactes chez les GTs.

En résumé, les GTs obtiennent généralement une moins bonne performance que les sujets du groupe contrôle sur toutes les variables à l'exception d'un seuil de sensibilité plus élevé à l'Aesthésiomètre, bien que la différence entre les groupes ne soit pas significative. Près des trois quarts (16/23) des mesures utilisées pour vérifier l'intégrité des lobes frontaux confirment l'hypothèse d'une atteinte frontale. Par ailleurs, les GTs montrent des déficits significatifs sur seulement 4 des 16 mesures non spécifiquement frontales.

Contribution des variables cliniques chez les GTs

Le questionnaire d'inventaire comportemental (CBCL) donne un indice de la sévérité de certaines pathologies fréquemment associées au SGT: l'hyperactivité, l'obsession-compulsion, l'agressivité et le retrait social. Il est donc possible de vérifier la contribution des variables cliniques sur le profil neuropsychologique des GTs. Tels que conçus, les scores t obtenus par les enfants à ce questionnaire s'inscrivent dans un continuum de 55 (le sommet de la courbe normale) à 100 (l'extrémité pathologique de cette même courbe), le point de coupure entre le normal et le pathologique s'établissant à 70. Cependant la distinction entre un enfant qui obtiendrait 69 (étant ainsi à la limite de la normale) et celui qui obtiendrait 70 (donc appartenant au groupe pathologique) risque d'être artéfactuelle. Dans le cas présent, il parait donc beaucoup plus indiqué de considérer chaque variable clinique comme covariable et de faire des analyses de covariance avec chacun des déficits observés aux tests neuropsychologiques.

Ainsi, après extraction de la variance expliquée par les variables cliniques (hyperactivité, agressivité, obsessions-compulsions), il reste encore neuf variables ou les GTs présentent des déficits par rapport au groupe contrôle (voir la note des tableaux 1 et 2). Ils éprouvent des difficultés dans des tâches de planification (Tour de Londres, Labyrinthes) et dans les tâches qui exigent l'utilisation de stratégie associatives (apprentissage d'une liste de mots, apprentissage en Mémoire Associative); ils présentent toujours un ralentissement dans le traitement d'information (diminution de la Performance Bimanuelle et diminution de la production de mots à la Fluidité Verbale); ils demeurent sensibles à l'interférence (augmentation des erreurs en Mémoire Associative). Par ailleurs, il est intéressant de noter la contribution importante des symptômes associés dans l'expression des déficits chez les GTs. D'après les analyses de covariance, l'hyperactivité expliquerait le mieux bon nombre de déficits alors que les autres variables, agressivité et obsessions-compulsions en expliquent peu et que le retrait social n'en explique aucun.

DISCUSSION

Dans l'ensemble, le groupe expérimental apparait plus sévèrement atteint que ne semblent l'être les GTs qui ont fait l'objet des études neuropsychologiques antérieures (Golden, 1984). Pour le présent échantillon, la sévérité des tics est marquée (d'après l'échelle de Shapiro et al., 1988) et on trouve plus de 50% d'enfants au-dessus du seuil pathologique pour quatre des cinq échelles considérées dans le CBCL. Le fait que les patients soient ici plus sévèrement atteints que ceux des groupes rapportés dans les études neuropsychologiques provient probablement d'un biais d'échantillonnage. En effet, la majorité des études canadiennes, américaines ou du Royaume Uni recrutent leurs sujets en s'adressant aux associations de SGT comptant déjà un grand nombre de membres, ce qui n'était pas le cas au Québec. La provenance des sujets référés en neurologie constitue sans aucun doute une clientèle plus sévèrement atteinte parce que c'est souvent la gravité des symptômes qui incite les parents à consulter en milieu hospitalier. Ce facteur devient important au moment où l'on compare les résultats obtenus ici avec ceux des études publiées en neuropsychologie utilisant une population de GTs moins sévèrement atteints.

Vérification de l'hypothèse d'un dysfonctionnement frontal

Au terme de ces analyses, on peut tracer un profil neuropsychologique assez exhaustif des GTs: faible capacité de planification, lenteur du traitement d'information, sensibilité à l'interférence, difficulté à élaborer des stratégies associatives et perte d'objectif. On a également trouvé des problèmes visuo-praxiques, particulièrement grapho-moteurs. Par contre, les GTs ont un fonctionnement verbal normal, les fonctions somato-sensorielles et motrices sont intactes, ils possèdent une mémoire passive adéquate, un bon contrôle moteur dans les manipulations, aucune impulsivité idéo-motrice dans les tâches cognitives.

En regard de leurs compétences et de leurs déficits, qu'en est-il des sites anatomiques compromis ou intacts chez les GTs et quel lien est-il possible de faire avec la mosaïque des comportements fréquemment associés chez les GTs mais également dissociables du SGT?

Dans cette recherche, on a voulu identifier un dysfonctionnement frontal chez les GTs dont la lésion structurale est sub-clinique, en examinant leurs résultats à des tests qui s'étaient montrés sensibles aux dommages frontaux, souvent massifs chez les cérébro-lésés. Il n'est donc pas étonnant que tous les tests frontaux utilisés ici n'aient pas démontré la même sensibilité aux dommages neurophysiologiques occasionnés par un dérèglement des neurotransmetteurs impliqués dans le cortex préfrontal. Malgré cela, la plupart des mesures frontales (16/23) ont permis de mettre en évidence, chez les GTs, certains déficits que l'on retrouve chez les patients ayant une lésion frontale. La question de latéralisation des déficits reste cependant spéculative.

En contrepartie, que faut-il conclure des déficits à des tests qui ne mesurent pas spécifiquement l'intégrité des aires frontales? On constate que la mémoire semble impliquée dans tous ces tests non frontaux où les GTs ont démontré des déficits: l'apprentissage des mots au CVLT, la mémoire immédiate pour le récit et les mots pairés, la localisation au TPT. La nature précise des déficits dans les activités mnésiques n'est pas toujours identifiable de façon univoque. A ce sujet, Goldman-Rakic (1987) commente longuement les multiples interprétations qui ont été faites concernant les déficits fonctionnels impliqués dans une tâche (Delayed Response Test) ayant une composante mnésique chez le singe. De plus, même si le lobe temporal gauche ou droit, selon la modalité en cause, est le plus souvent évoqué comme responsable des troubles de la mémoire, le lobe frontal pourrait jouer un rôle fondamental dans les activités mnésiques (Goldman-Rakic, 1987; Fuster, 1985; Schacter, 1987).

Goldman-Rakic (1987) soutient la thèse qu'un modèle fonctionnel de mémoires représentationnelles dirigées par le cortex préfrontal, en tant que centre exécutif, pourrait expliquer la différenciation de plusieurs fonctions qui guident les comportements volontaires, notamment celui de l'apprentissage. Selon elle, c'est l'aire pariétale qui serait responsable de l'élaboration des représentations sensorielles (visuelles, auditives et tactiles) de la réalité ou des événements. Cependant, les plus récentes études anatomiques ont révélé que le cortex préfrontal reçoit une importante partie des projections pariétales et qu'il projette lui-même ses axones au lobe pariétal. Les projections réciproques entre les deux aires constitueraient une partie du circuit réverbérant pour le maintien, à court terme, de représentations requises dans des tâches mnésiques. C'est donc grâce à ses multiples interconnexions que le cortex préfrontal conserverait ces représentations en mémoire vive (on line) pour pouvoir les utiliser dans la régulation du comportement, ici, dans l'apprentissage. Le concept de mémoire de travail, dont le cortex préfrontal serait le superviseur, est donc essentiel à la compréhension du modèle des mémoires représentationnelles visuo-spatiales ou linguistiques de Goldman-Rakic (1987).

Cette nouvelle conception éclaire l'interprétation qui avait été avancée dans la section des résultats, à l'effet que les GTs n'élaboraient pas de stratégies associatives pour retenir plus adéquatement l'information. D'après le modèle de Goldman-Rakic, cette association serait conservée en mémoire vive par le cortex préfrontal. Pour illustrer ce fait, donnons trois exemples, l'un visuel, l'autre tactile et l'un verbal: dans la Mémoire Associative, c'est le cortex préfrontral qui maintiendrait les liens associatifs entre les stimuli lumineux visuo-spatiaux et les stimuli visuo-séquentiels; dans le TPT, le cortex pariétal élaborerait la représentation spatiale de la planche et de ses trous d'encastrement grâce à l'association entre les repères kinesthésiques et stéréognosiques mais c'est le cortex préfrontal qui la maintiendrait en mémoire vive jusqu'au moment de son utilisation; dans le récit immédiat, on pourrait supposer qu'une représentation imagée de l'histoire est élaborée par le cortex pariétal et serait maintenue en mémoire vive par le cortex préfrontal, permettant ainsi au sujet de rapporter le maximum d'information à partir de cette image internalisée. Le cortex préfrontal pourrait ainsi jouer un rôle dans toutes les activités d'apprentissage qui font appel à une mémoire active, par opposition au cortex temporal hippocampique qui jouerait un rôle fondamental dans une mémoire passive (mémoire de reconnaissance, mémoire incidentelle, mémoire ancienne, mémoire différée...). Ainsi donc, les déficits observés dans les tests qui n'étaient pas censés mesurer un dysfonctionnement frontal, seraient au contraire liés à un défaut des mémoires représentationnelles du cortex préfrontal.

Impact des variables cliniques On a pu identifier un dysfonction-
(ou covariables) sur le SGT nement frontal à partir des résultats obtenus par les GTs.
Cependant, les inférences qu'on
peut faire sur la population atteinte du SGT sont limitées en raison du biais
échantillonnal considérable précédemment décrit. En effet, les GTs de la
présente étude apparaissent plus sévèrement atteints que les GTs dans les
études neuropsychologiques antérieures. Non seulement la sévérité des tics
est plus marquée, mais des pourcentages plus élevés de GTs présentent aussi
des symptômes associés. D'après les études épidémiologiques, il semblerait
que la plupart des GTs ne présentent pas des symptômes aussi dramatiques
(Caine et al., 1988). Par ailleurs, il est probable que les parents qui
consultent en «désespoir de cause» soient portés à amplifier les comportements déviants pour justifier leur demande d'aide. C'est pourquoi toutes
les échelles de comportements du Achenbach (CBCL) remplies par les
parents sont si fortement corrélées entre elles qu'il devient pratiquement
impossible de détecter des enfants qui seraient hyperactifs sans présenter des
symptômes aussi importants d'obsession-compulsion et d'agressivité, ou
inversement, des enfants obsessifs-compulsifs sans comportement agressif et
d'hyperactivité. Cependant, il est apparu assez évident que les sujets ayant le
plus de difficulté durant l'évaluation étaient aussi ceux chez qui on observait
cliniquement le plus d'hyperactivité.

Le fait que, pour plusieurs variables dépendantes, la différence
significative soit disparue après qu'on ait introduit les covariables de
comportements associés, implique que ces mêmes covariables jouent un rôle
prédominant dans certains déficits frontaux. Dans l'ordre, c'est
l'hyperactivité et l'agressivité qui seraient des facteurs dominants dans les
déficits observés chez les GTs, viendrait ensuite l'obsession-compulsion. Le
retrait social n'aurait que peu d'impact. Cette constatation n'est cependant
pas surprenante. L'interrelation qui existe entre les trois principaux
systèmes de neurotransmetteurs (dopaminergique, noradrénergique et
sérotonergique) dont les projections suivent l'axe-réticulo-cortical d'une part,
et l'influence de ces neurotransmetteurs sur chacune de ces pathologies
d'autre part, expliquent la présence des déficits observés (Cummings et
Frankel, 1985; Thierry et al.1990). Selon Godbout (communication
personnelle, Janvier 1992), les monoamines contrôleraient l'activité
neuronale du cortex préfrontal et moduleraient ainsi le transfert
d'informations vers les structures sous-corticales. Un dérèglement de la
neurotransmission au niveau du cortex préfrontal affecterait donc les
fonctions dans lesquelles sont impliquées les structures sous-corticales que le
cortex préfrontal innerve et pourrait ainsi induire les désordres émotifs,
cognitifs et moteurs que l'on retrouve chez les GTs qui présentent aussi des
symptômes associés. Par ailleurs, même en considérant l'influence de ces
pathologies associées par l'extraction de la variance expliquée par elles, le
dysfonctionnement frontal demeure présent dans le SGT et il touche toutes
les fonctions telles qu'elles ont été présentées.

CONCLUSION

Dans l'ensemble, on peut donc dire que les résultats confirment l'hypothèse d'un dysfonctionnement frontal dans le SGT, mais celui-ci s'accentue en fonction de l'importance des symptômes fréquemment associés à cette pathologie, notamment l'hyperactivité, l'agressivité et l'obsession-compulsion. Selon les observations cliniques et d'après les analyses statistiques, on peut même ajouter que dans plusieurs cas les déficits observés sont principalement et même quelquefois exclusivement imputables à l'hyperactivité. Cette constatation peut avoir des conséquences importantes sur le plan des stratégies thérapeutiques à implanter. En effet, parce que la médication pour le traitement de l'hyperactivité entraîne une exacerbation des tics, elle est souvent omise dans le traitement des enfants GTs. Par contre, les conséquences néfastes reliées à l'hyperactivité prédominent nettement sur les conséquences reliées à la présence des tics pour un grand nombre de fonctions cognitives; elles devraient donc être prioritairement traitées afin de permettre aux enfants de faire des apprentissages signifiants lors de leur scolarisation, même s'il devait en résulter une augmentation des tics.

Par ailleurs, les observations cliniques du comportement des GTs, nous permettent surtout de mettre un cadre pour expliquer les problèmes rencontrés par les GTs qui ne relèvent ni d'incompétences parentales souvent mises en cause, ni d'échecs pédagogiques; ils nous permettent également de dissocier les comportements déviants plus spécifiquement reliés au SGT de ceux normaux ou propres à l'avènement de l'adolescence.❖

Neuropsychological assessment using reliable tests from patients with frontal-lobe damage was performed in 24 children with Tourette Syndrome and control group paired for age, sex and education. This research confirmed frontal dysfonction in Tourette Syndrome children. These children had poor performance in planification tasks and reduced processing speed. They were less successfull in interference tasks, used less strategy for problems solving and they had more difficulty in manipulating two concepts simultaneously. They had also grapho-motor problems. Nevertheless, their hyperactivity as part of the Tourette Syndrome was associated with these poor performances on tasks.

Références

Achenbach TM, Edelbrock C. **Manual for the Child Behavior Checklist and Profile.** Burlington: Queen City Printers, 1983.

Brozoski TJ, Brown RM, Rosvold HE, Godlman PS. Cognitive deficit caused by regional depletion of dopamine in prefrontal cortex of rhesus monkey. **Science** 1979;205:929-932.

Caine ED, McBride MC, Chiverton P, Bamford KA, Rediess S, Shiao J. Tourette's syndrome in Monroe County school children. **Neurology** 1988;38(3):472-475.

Chase TN, Foster NL, Fedio P, Brooks R, Mansi L, Kessler R, Di Chiro G. Gilles de la Tourette syndrome: studies with the fluorine-18-labeled fluorodeoxyglucose positron emission tomographic method. **Ann Neurol** 1984;15 (Suppl):s175.

Chase TN, Geoffrey V, Gillespie M, Burrows GH. Structural and functional studies of Gilles de la Tourette syndrome. **Rev Neurol** 1986;142(11):851-855.

Cohen DJ, Bruun RD, Leckman JF. (Eds) **Tourette's syndrome and tic disorder: clinical understanding and treatment.** New York: John Wiley & Sons, 1988.

Comings DE. A controlled study of Tourette's syndrome. - VII. Summary: a common genetic disorder causing disinhibition of the limbic system. **Am J Hum Genet** 1987;41(5):839-866.

Cummings JL, Frankel M. Gilles de la Tourette syndrome and the neurological basis of obsessions and compulsions. **Biol Psychiatry** 1985;20(10):1117-1126.

Flor-Henry P, Yendall LT, Koles ZJ. Neuropsychological and power spectral EEG investigations of the obsessive-compulsive syndrome. **Biol Psychiatry** 1979;14:119-130.

Fuster JM. The prefrontal cortex, mediator of cross-temporal contingencies. **Hum Neurobiol** 1985;4:169-179.

Gilles de la Tourette. Etude sur une affection nerveuse caractérisée par de l'incoordination motrice accompagnée de coprolalie et d'écholalie. **Arch Neurol** 1885;9:19-42.

Golden GS. Psychologic and neuropsychologic aspects of Tourette's syndrome. **Neurol Clin** 1984;2(1):91-102.

Goldman-Rakic PS. Circuitry of primate prefrontal cortex and regulation of behavior by representational memory. In: **Handbook of physiology: the nervous system.** New York: Oxford University Press, 1987: 373-417.

Kurland R, Kersun J, Ballantine HT, Caine ED. Neurosurgical treatment of severe obsessive-compulsive disorder associated with Tourette's syndrome. **Mov Disord** 1990;5:152-155.

Lussier F. **Dysfonctionnement frontal chez des patients atteints du syndrome Gilles de la Tourette.** [Thèse doctorale non publiée] Montréal: Université de Montréal, 1992.

Obeso JA, Rothwell JC, Marsden CD. The neurophysiology of Tourette syndrome. **Adv Neurol** 1982;35:105-114.

Robertson MM. Obsessional disorder and the Gilles de la Tourette syndrome. **Curr Opin Pediatr** 1991;3(4):615-623.

Robertson M, Doran M, Trimble M, Lees AJ. The treatment of Gilles de la Tourette syndrome by limbic leucotomy. **J Neurol Neurosurg Psychiatry** 1990;53:691-694.

Rothenberger A. The role of the frontal lobes in child psychiatric disorders. In: Rothenberger A. (Ed) **Brain and behavior in child psychiatry.** New York: Springer-Verlag, 1990:34-58.

Rothenberger A. Les enfants présentent-ils un déficit fonctionnel global des lobes frontaux. **P.R.I.S.M.E.** 1992; 3(2):176-187

Schacter DL. Memory, amnesia and frontal lobe dysfunction. **Psychobiol** 1987;15:21-36.

Seignot MJN. Un cas de maladie des tics de Gilles de la Tourette guéri par le R-1625. **Ann Med Psychol** 1961;119:578.

Shapiro AK, Shapiro E, Young JG, Feinberg TE. **Gilles de la Tourette syndrome.** 2nd ed. New York: Raven Press, 1988.

Stuss DT, Benson DF. **The frontal lobes.** New York: Raven Press, 1986.

Thierry AM, Godbout R, Mantz J, Glowinski J. Influence of the ascending monoaminergic systems on the activity of the rat prefrontal cortex. In: Uylings HBM, Van Eden CG, De Bruin JPC, Corner MA, Feenstra MGP. (Eds) **Progress in brain research.** New York: Elsevier Science Publ., 1990:357-365.

L'auteur fait la revue du concept d'attention, de son opérationnalisation et des données recueillies sur le traitement de l'information chez les hyperactifs. Les données de la recherche suggèrent que les déficits de performance chez les enfants hyperactifs impliquent à la fois des processus de «bas en haut» et de «haut en bas». En ce qui concerne les processus de bas en haut, les opérations associées à la sortie motrice apparaissent perturbées. Le régime de traitement cognitif des hyperactifs a été retrouvé ralenti dans un grand nombre de tâches. Il est de plus évident qu'un processus supérieur de contrôle de haut en bas impliqué dans l'inhibition, dans l'effort et le contrôle stratégique est également en cause dans l'hyperactivité.

ATTENTION ET HYPERACTIVITÉ:

MÉCANISMES SUPÉRIEURS ET INFÉRIEURS DU TRAITEMENT DE L'INFORMATION

Joseph SERGEANT

L'auteur est Ph.D., professeur et chercheur au Département de psychologie clinique de l'Université d'Amsterdam. Son champ de recherche privilégié est l'hyperactivité avec déficit attentionnel où il fait autorité. Il est à l'origine du Réseau Européen sur l'hyperactivité.

Au tout début des années 70, une équipe de chercheurs de Montréal montraient que, dans une tâche d'attention, les enfants hyperactifs avaient une moins bonne performance que des sujets contrôles (Sykes, et al 1971; Sykes, et al 1973). La stratégie de réponse chez ces enfants était aussi souvent plus impulsive que réflexive (Campbell, et al 1971; Campell, et al 1977; Cohen, et al 1972; Hopkins, et al 1979). D'autres chercheurs observaient pour leur part un niveau d'éveil et un phénomène d'habituation plus rapide chez les hyperactifs que chez les enfants normaux (Satterfield et Dawson, 1971).

Il ne fait aucun doute que ces données servirent de base au comité de pédopsychiatres chargé par l'Association Américaine de Psychiatrie de fixer les critères diagnostiques inclus dans le Manuel Diagnostique et statistique, (DSM III, 3e édition) sous la rubrique «Trouble Déficitaire de l'Attention avec Hyperactivité». Bien que l'ordre des éléments diagnostiques et certaines des règles de décision aient été quelque peu modifiés dans la version révisée, les définitions des troubles de l'attention, des problèmes de niveau d'inhibition et d'activité énergétique sont demeurées pour l'essentiel pratiquement les mêmes. Le prochain manuel (DSM IV), affinera sans doute le diagnostic d'hyperactivité mais il n'en retiendra pas moins lui aussi les concepts utilisés dans les schémas de classification antérieurs.

Du point de vue de la psychologie clinique, un tel réaménagement d'appellations et de critères peut être considéré comme une conséquence intéressante du processus démocratique au sein du comité aviseur, mais il est plutôt modeste quant à sa validité scientifique. La psychopathologie expérimentale exige que les éléments diagnostiques reflètent des construits théoriques qui peuvent être validés par des données empiriques. Ceci commence par la définition de la signification des termes utilisés, par leur opérationnalisation et leur validation à l'aide de tâches bien définies. Récemment, Barkley (1991) s'est interrogé sur la validité écologique des tâches attentionnelles, défendant l'idée que les méthodes d'observation étaient plus appropriées que les situations expérimentales pour déterminer des déficits fonctionnels. De notre côté, nous avons avancé ailleurs (Sergeant et van der Meere, 1993) que les méthodes d'observation étaient complémentaires aux tâches expérimentales qui ont, elles aussi, une validité écologique.

Dans le présent article, je ferai la revue du concept d'attention, de son opérationnalisation et des données recueillies sur les déficits de traitement de l'information chez les hyperactifs, en montrant que bien des résultats originaux de l'équipe de Montréal ont été à la fois confirmés et légèrement modifiés par des données empiriques mieux contrôlées et par une meilleure définition de l'attention.

Définition des différentes variétés d'attention

Depuis la Deuxième Guerre Mondiale, la recherche sur le traitement de l'information chez l'homme a été guidée par les concepts d'attention, de mémoire, d'éveil et d'activation, et finalement d'effort. Les deux premiers concepts, attention et mémoire, peuvent être considérés comme le reflet de processus, i.e. qu'ils traduisent des opérations mentales. Les concepts d'éveil, d'activation et d'effort reflètent au contraire des états, i.e. qu'ils reflètent le niveau d'énergie ou d'activité d'un système de traitement.

Il existe une grande variété de définitions et d'opérationnalisation du concept d'attention (Parasuraman, 1984). Par exemple, l'attention (vigilance) implique la détection de signaux enchâssés dans un bruit de fond au cours d'une tâche d'une certaine durée. Dans ce domaine, les chercheurs (Warm, 1984) ont distingué trois phénomènes: la sensibilité perceptuelle (le pouvoir de discrimination), le biais de réponse (la stratégie du sujet) et l'attention soutenue (la diminution de la performance au cours du temps).

Il est rapidement devenu évident que les processus attentionnels n'étaient pas indépendants des états fonctionnels. Rapidement, l'avènement

- Enfants hyperactifs sans trouble associé.

Sous-groupe anxieux : théorie ~~familiale~~ (?)

Troubles de conduite : ↑ chance de psychopathologies graves.

Hyperactivité

Sous-types :

① Trouble oppositionnel (50%)
   (comportements agressifs)

② Trouble émotionnel (25%)
   (hyperanxiété, angoisse de séparation)
        ou deux à la fois
   effets secondaires aux psycho-stimulants
   symptômes dysphoriques.

③ Trouble d'attention situationnel
(école : 75%   maison : 15%   des deux : 10%)

des modèles informatiques a démontré que les fonctions de mémoire étaient indispensables à la réalisation d'une tâche. Les études sur la mémoire avaient démontré par ailleurs l'existence de deux modes distincts d'exécution de tâche: le traitement contrôlé qui exige du temps, de l'effort et qui est mené de façon sérielle, et le traitement automatique qui ne requiert pas de temps de traitement ni d'effort et qui se déroule de façon parallèle (Schneider et Shiffrin, 1977; Shiffrin et Schneider, 1977).

Ces auteurs distinguaient dans leurs études deux types de déficits: un déficit d'attention partagée, marqué par l'incapacité de traiter simultanément de multiples entrées, et le déficit d'attention focalisée qui tient en une diminution de la performance lors du traitement d'une entrée sélective. Fisk et Schneider (1981) ont décrit plus tard un troisième type de déficit: le déficit d'attention soutenue qui consiste en une diminution de l'attention contrôlée au cours du temps. Bien que différentes variétés d'attention aient été définies, un lecteur attentif aura noté qu'il n'y a toujours pas de définition de l'attention ni d'explication claire sur les processus qui la sous-tendent. C'est le point sur lequel nous nous arrêterons maintenant.

Définitions de l'attention

L'attention a été définie par Schneider et Shiffrin (1977) comme une limite dans le régime de traitement de l'information. Ces chercheurs concevaient l'attention comme un processus capable de rendre compte de la capacité limitée chez l'homme à traiter de l'information. Le site de l'attention était situé par ces auteurs dans la mémoire de travail et ils proposaient que le régime de traitement de l'information était particulièrement bas dans le mode de traitement contrôlé.

Il est cependant possible de compenser les limites attentionnelles. Quand les entrées sont constantes et les réponses apprises d'une manière stable avec le temps, la capacité de traitement augmente au fur et à mesure que le système apprend à générer des réponses automatiques. De la même manière que conduire une voiture exige beaucoup de traitement contrôlé au début, n'importe qui, après plusieurs années d'expérience, peut à la fois conduire sa voiture et réfléchir à un autre problème.

Schneider et Shiffrin (1977) ont aussi montré au moyen de tâches de recherche en mémoire que le traitement contrôlé pouvait être quantifié par la vitesse à laquelle la recherche s'opérait. Le traitement contrôlé est caractérisé par le fait que les temps de recherche positifs équivalent à la moitié des temps de recherche négatifs, alors que le traitement automatique est caractérisé par des temps de recherche positifs et négatifs pratiquement égaux et presque nuls. Ce modèle d'attention comporte un certain nombre d'avantages. Il est quantitatif et permet de préciser différents types d'attention. De plus, il opérationnalise les différentes variétés d'attention par des indices spécifiques et précise les tâches qui devraient être utilisées pour étudier les processus attentionnels.

Les tâches de recherche décrites plus haut peuvent être rattachées à un modèle plus fin du traitement de l'information mis au point par Sanders (1983, 1990): le modèle cognitif énergétique, basé sur la méthode des facteurs additifs développée d'abord par Sternberg (1969). Cette méthode suggérait que les étapes du traitement de l'information peuvent être identifiées en utilisant des variables cognitives spécifiques. Elle repose sur l'idée que lorsque deux variables cognitives sont indépendantes (leurs effets sur le temps de réponse s'additionnent exactement), c'est qu'elles sollicitent deux étapes séparées du traitement de l'information. Par contre, si deux variables cognitives entrent en interaction (leurs effets sur le temps de réponse est plus grand ou plus petit que la simple somme des effets de chaque variable), on suppose alors qu'elles agissent sur un même stade ou sur un même processus. C'est sur cette base que Sternberg a identifié quatre stades dans le traitement de l'information: l'encodage, la recherche en mémoire, la décision et l'organisation motrice.

Le modèle de Sanders reconnaît pour sa part trois niveaux: le niveau inférieur qui contient essentiellement les étapes nommées par Sternberg, le niveau intermédiaire qui contient les réserves énergétiques (éveil, effort et activation) telles que définies par Pribram et McGuiness (1975), et le plus haut niveau qui consiste en un système d'évaluation. L'extension du traitement de l'information à des processus physiologiques et à des mécanismes de contrôle rétroactif a ainsi permis d'associer les données de la psychophysiologie et des sciences cognitives en un seul et même modèle. Les modèles décrits plus haut sont cependant apparus à un moment où les psychologues formés en clinique expérimentale cherchaient à définir les troubles psychologiques d'une manière quantitative plutôt que descriptive. Le chapitre suivant sera consacré aux relations entre syndromes cliniques et modèles attentionnels.

Syndromes et modèles attentionnels

La psychopathologie repose en grande partie sur une approche catégorielle en ce qui regarde la taxonomie des maladies mentales. Certes, la description est un point de départ nécessaire dans toute science. Toutefois, la description n'est pas un but en soi et toute taxonomie devrait conduire à la mise à jour de processus anormaux, ces processus pouvant être dynamiques, cognitifs et/ou physiologiques. Le DSM III et le DSM III-R sont des taxonomies basées sur des modèles catégoriels des maladies. A ce sujet, nous avons souligné ailleurs (Sergeant et van der Meere, 1989, 1990a) la nécessité pour les psychologues cliniciens d'identifier les déficits cognitifs et biologiques associés aux troubles, ceci devant permettre de mieux les situer, d'évaluer leur importance et d'en spécifier la nature, dans le but de les traiter (Sergeant et van der Meere, 1990b).

Pour illustrer ce point, considérons le terme d'attention. Les déficits attentionnels sont présents à tous les niveaux du DSM III: ils sont associés à des troubles organiques, aux psychoses, à des troubles affectifs, des troubles anxieux et des troubles développementaux. On pourrait se demander s'il s'agit bien du même type de dysfonction attentionnelle, ou encore, si c'est le même degré de déficit qui intervient à tous les niveaux. Ainsi, le degré de déficit attentionnel augmente-t-il au fur et à mesure qu'on monte dans la hiérarchie? Le même processus cognitif (étapes du traitement de l'information ou réserve énergétique, tel que décrit plus haut) se trouve-t-il impliqué dans chaque syndrome ou existe-t-il des différences?

Ces questions restent sans réponse dans un modèle catégoriel et ce n'est qu'en utilisant un modèle de l'attention bien défini et bien opérationnalisé qu'on pourra en obtenir. En fait, l'utilisation de tels modèles nous semble particulièrement urgente dans l'étude de syndromes dont l'appellation explicite suggère un déficit attentionnel.

Cette approche par modèles n'est pas vraiment nouvelle. Gray (1982) a proposé un modèle neuropsychologique de l'anxiété qui abordait la psychopathologie à partir d'études portant sur les apprentissages chez l'animal, la psychopharmacologie et la psychologie physiologique. Quay (1988) a transposé ce modèle dans des hypothèses testables en psychopathologie de l'enfant, en reliant le modèle de Gray à la fois aux troubles déficitaires de l'attention et aux troubles des conduites. Ce chercheur a fait l'hypothèse que le trouble déficitaire de l'attention était dû à un défaut du système inhibiteur du comportement, alors que les troubles des conduites étaient associés à un défaut du système de récompense. On voit immédiatement que cette approche peut être apparentée au modèle énergétique décrit plus haut: l'inhibition requiert des processus attentionnels, alors que la récompense exige à la fois des processus attentionnels et une demande énergétique.

L'avantage pour l'investigateur à utiliser des modèles déterminés empiriquement en psychopathologie est de pouvoir faire des prédictions à des niveaux comportemental, physiologique et pharmacologique. Une brève revue des données utilisant les modèles énergétiques dans l'étude de l'hyperactivité est présentée dans le chapitre suivant. Cette revue sera limitée aux étapes de traitement de l'information dites «de bas en haut» et à certains mécanismes de contrôle dits «de haut en bas». Le lecteur trouvera une discussion plus complète de ces études en se référant aux travaux de Sergeant et van der Meere (1990a, b; 1991, 1993).

Étapes de traitement de l'information

Actuellement, la majorité des données expérimentales suggère que l'encodage n'est pas perturbé chez les enfants hyperactifs (Ballinger et al. 1984; Balthazor, et al. 1991; Benezra et Douglas, 1988,; Malone, et al. 1988; Peeke, et al. 1984; Sergeant et Scholten, 1985a). Une étude a rapporté un possible déficit d'encodage sémantique chez les enfants hyperactifs (Weingartner,et al. 1980), mais le même groupe n'a pu répliquer ces résultats (Borcherding, et al. 1988).

Les processus centraux de traitement, tels que la recherche en mémoire et la décision, ne sont pas non plus responsables du traitement plus lent retrouvé chez des enfants hyperactifs ou chez des adolescents diagnostiqués hyperactifs au cours de leur enfance, comparés à des sujets contrôles (Brumaghim, et al. 1987; Fitzpatrick, et al. 1988; Sergeant et Scholten, 1983, 1985a, b; van der Meere et Sergeant, 1987). Ces études suggèrent que l'attention, lorsqu'elle est opérationnalisée dans un paradigme d'attention partagée, n'est pas perturbée chez les enfants hyperactifs. Des données convergentes ont été obtenues par Schachar et Logan (1990a) qui ont procédé selon une méthodologie de double tâche, et par Klorman et al. (1991) qui utilisaient une mesure électrophysiologique (P300). Les études similaires, mais conçues de manière à ce qu'un traitement automatique se développe, n'ont pas non plus montré que le rythme d'acquisition d'un traitement automatique était différent chez les hyperactifs et les sujets contrôles (van der Meere et Sergeant, 1988a). Par ailleurs, l'hypothèse ayant été avancée que les processus centraux de traitement étaient impliqués dans l'attention focalisée (Schneider et Shiffrin, 1977), on a montré qu'il n'existait aucun déficit de l'attention focalisée chez les enfants hyperactifs (van der Meere et Sergeant, 1988b). Les deux modes d'attention sélective (partagée et focalisée) ne sont donc pas perturbés chez ces enfants.

Nous allons maintenant brièvement considérer le mode d'attention soutenue. Une revue extensive de cette question publiée par Sergeant et van der Meere (1990a) montre que la plupart des recherches n'ont pas pu mettre en évidence un défaut d'attention soutenue chez les enfants hyperactifs. En fait, seulement trois études (Sykes et al., 1973; Dykman et al. 1979, et Seidel et Joscho, 1990) ont produit des résultats positifs. Cependant, le groupe contrôle ne montrant pas de diminution de la performance en cours de temps dans ces expériences, on peut supposer que les tâches utilisées sollicitaient peu ou pas l'attention soutenue dans le groupe contrôle, ou encore, qu'il existait une différence de stratégie entre les enfants hyperactifs et le groupe contrôle.

Ces trois études ne permettent donc pas de conclure à un déficit d'attention soutenue chez les hyperactifs. Tant qu'un résultat positif n'aura pas été obtenu dans une étude qui démontre que la demande d'attention soutenue s'est traduite par une diminution de la performance au cours du temps à la fois dans le groupe contrôle et chez les hyperactifs, et qui exclut une différence de stratégie entre les deux groupes, le descripteur clinique «difficulté à soutenir son attention» restera non validé expérimentalement. Il n'y a donc aucune donnée, à la fois en termes de modes d'attention sélective et de temps de recherche et de décision, qui soit en faveur d'un déficit central chez les enfants hyperactifs. Ceci nous amène au dernier stade de traitement de l'information: l'organisation motrice.

L'étape d'organisation motrice proposée par Sternberg (1969) comporte quatre stades séparés: la sélection de la réponse, la programmation motrice, l'initiation motrice et l'ajustement moteur (Frowein, 1981). Différentes variables cognitives influencent ces divers stages. Quatre seront brièvement citées ici: la compatibilité stimulus-réponse, la période de préparation motrice, l'intervalle d'arrêt et le rythme de présentation.

La première variable, la compatibilité stimulus-réponse, permet de séparer les enfants hyperactifs de sujets contrôles ou de sujets ayant des difficultés d'apprentissage mais sans hyperactivité (van der Meere et al. 1989). Zahn et al. (1991) ont testé la compatibilité chez des garçons présentant des troubles disruptifs du comportement mais malheureusement ils ont utilisé la manipulation compatible-incompatible comme un facteur de groupe inter-sujets. Pour obtenir un effet de compatibité stimulus-réponse, la manipulation doit comprendre un facteur intra-sujet (tous les enfants passant les conditions compatible et incompatible), si bien que cette étude ne peut être considérée comme une réplique de celle de van der Meere et al (1989). D'autres travaux sont donc nécessaires pour déterminer la validité et la spécificité des données de compatiblité stimulus-réponse.

Zahn et al (1991) ont manipulé la préparation motrice chez des enfants avec des troubles disruptifs du comportement et ont trouvé que plus l'intervalle de préparation était long, plus le temps de traitement était lent. Ceci suggère que l'étape motrice est bien impliquée dans ces troubles.

La troisième variable, l'intervalle signal impératif-signal d'arrêt, permet également de différencier des sujets hyperactifs de sujets contrôles (Schachar et Logan, 1990b) et de plus, son effet peut être modifié par le méthylphénidate (Tannock et al. 1989). Puisque le méthylphénidate augmente la capacité d'évaluation et le temps de traitement moteur (Klorman et al. 1991), il est probable que le déficit dans l'hyperactivité est localisé à un point qui suit l'évaluation et qui comprend les processus moteurs. Un appui supplémentaire à cette hypothèse est fourni par des études dans lesquelles une quatrième variable, le rythme de présentation, a été manipulée.

Le rythme de présentation influence le pré-réglage moteur (Sanders, 1983). Chee et al. (1989) ont rapporté que le rythme de présentation, qu'il soit rapide ou lent, mais plus fortement dans le cas d'un rythme lent, modifie la performance des enfants hyperactifs plus que celle des témoins. Dans une tâche de recherche où le rythme de présentation était manipulé, van der Meere et al. (1992) ont décrit que la vitesse de traitement des enfants hyperactifs se trouvait altérée par un rythme de présentation lent. Ils ont conclu à un déficit du pré-réglage moteur dans l'hyperactivité. Dalby et al. (1977) avaient déjà rapporté que les enfants hyperactifs apprenaient mieux dans une tâche d'association de mots pairés lorsque celle-ci était présentée à un rythme rapide, et que lorsqu'on leur laissait le choix du rythme de présentation, ils adoptaient spontanément un rythme rapide, pour aboutir à une performance comparable (Dalby et al. 1989).

Dans l'ensemble, ces résultats suggèrent qu'au premier niveau du traitement de l'information, le rythme de présentation joue un rôle critique dans la performance. Le locus du déficit est donc apparemment au niveau de la sortie motrice des étapes de traitement de l'information. Nous allons maintenant considérer la possibilité d'un dysfonctionnement du contrôle de «haut en bas» dans l'hyperactivité, i.e. des processus qui règlent le traitement de l'information.

Contrôle de «haut en bas»

Jusqu'ici, cette revue s'est concentrée sur la mécanique du traitement de l'information, en visant à associer l'hypothétique déficit attentionnel des enfants hyperactifs à une ou plusieurs étapes du traitement de l'information. Le concept d'attention sera maintenant considéré à la lumière des études qui impliquent un déficit dans le contrôle du traitement. Avant d'entrer dans le vif du sujet, il faut clarifier l'usage des concepts d'attention et de contrôle qui est différent de celui proposé par Schneider et Shiffrin (1977).

L'attention est considérée ici comme un fonds de ressources qui peut être réparti entre les différentes tâches à effectuer, et la notion de capacité limite découle du fait que les ressources du fonds sont limitées (Gopher et Navon, 1980; Norman et Bobrow, 1975; Wickens, 1984). Dans cette conception de l'attention, le contrôle et l'attribution des ressources sont cruciaux pour la performance attentionnelle, bien qu'on puisse proposer que le contrôle soit toujours associé aux étapes décrites plus haut (Gopher et Sanders, 1984).

La méthodologie la plus utilisée dans cette approche était la double tâche au moyen de laquelle la gestion de la performance pouvait être contrôlée (Gopher et Navon, 1980). Cette approche de l'attention considère le rapport coût-bénéfice des erreurs comme un déterminant important de la stratégie (Rabbit Rogers, 1977) aussi bien que du fonctionnement des stades inférieurs (Pachella, 1974). Si l'on considère les mécanismes de contrôle comme s'exerçant de haut en bas, la dysfonction attentionnelle hypothétique chez les enfants hyperactifs devrait être étudiée dans des conditions selon lesquelles la stratégie de réponse des sujets hyperactifs (caractérisée par des réponses rapides et erronées) puisse être manipulée expérimentalement: ceci peut être fait au moyen de doubles tâches, de tâches d'inhibition, (tel que le paradigme d'arrêt, Logan, 1981) et de tâches dans lesquelles on fait varier le coût des réponses erronées. Ces types d'études relient clairement le modèle énergétique du traitement de l'information (Sanders, 1984) au modèle d'inhibition-renforcement de Quay (1988).

L'une des premières études portant sur le contrôle de haut en bas et sur l'attribution des ressources a montré clairement des difficultés d'attribution chez les enfants hyperactifs comparés à des sujets avec un déficit attentionnel sans hyperactivité et à des sujets contrôles (Sergeant et Scholten, 1985b). Des recherches antérieures faites par l'équipe de Montréal avaient déjà rapporté que les enfants hyperactifs étaient plus impulsifs que les contrôles (Campbell et al., 1971; Campbell et al., 1977; Hopkins et al., 1979). Ces résultats, associés aux données montrant un défaut d'attribution de ressources et l'absence de problèmes de rétroaction dans l'hyperactivité (Worland, 1976; Dougals et Parry, 1983; Sergeant et van der Meere, 1988) soulignent que la gestion des ressources joue un rôle-clé chez les hyperactifs et devrait être un sujet central d'étude.

Dans une étude faite en 1988, nous avions trouvé que les enfants hyperactis étaient incapables d'ajuster leurs ressources attentionnelles à la suite d'une erreur; ils étaient ou trop rapides ou trop lents, comparés aux contrôles. Les travaux de Vaessen (1988, 1990) ont également montré que les enfants hyperactifs étaient incapables de répartir efficacement les ressources dans une double tâche, comparés à des sujets normaux. Schachar et Logan (1990a) ont montré que les enfants hyperactifs n'avaient pas de déficit de capacité comparés aux enfants ayant des troubles des conduites ou à un groupe contrôle, mais que c'est plutôt l'attribution des ressources attentionnellles qui est inadéquate chez les sujets hyperactifs. D'autres recherches ont rapporté par la suite que, dans une double tâche, le méthylphénidate augmentait la qualité de la performance au prix d'un ralentissement de la vitesse de traitement (Carlson, et al. 1991). Ceci suggère que le méthylphénidate permet d'améliorer la gestion des ressources attentionnelles plutôt que d'augmenter les capacités attentionnelles.

L'attribution et la réattribution des ressources ont aussi été étudiées attentivement par Pearson et al. (1991), selon un paradigme de commutation de l'attention auditive. Ces auteurs ont montré que comparés aux contrôles, les enfants hyperactifs étaient incapables de réattribuer correctement leurs ressources attentionnelles. Des données antérieures relatives à des performances «qualitativement immatures» chez les enfants hyperactifs soumis à des tâches d'attention auditive dichotiques (Prior, Sanson et al. 1985; Loiselle et al. 1980) semblaient également indiquer que l'attribution des ressources attentionnelles était inefficace chez les enfants hyperactifs. Par ailleurs, une série d'expériences faites par le groupe de Toronto sur le contrôle inhibiteur au moyen d'un paradigme d'arrêt ont montré des fonctions inhibitrices plus lentes chez les enfants hyperactifs comparés à des sujets contrôles, mais ceci pouvant être amélioré par le méthylphénidate (Schachar et Logan, 1990b; Tannock et al. 1989). Ces résultats suggèrent que le contrôle inhibiteur est ralenti et que l'effet activateur du méthyl-phénidate est d'augmenter la capacité des sujets à retenir des réponses inappropriées.

Conclusion

Un effort considérable a été fait, à la suite des premières recherches canadiennes en psychologie expérimentale, pour identifier la nature du déficit attentionnel chez les enfants hyperactifs. Cet ensemble de recherches a conduit à abandonner un certain nombre de conceptions naïves sur les déficits attentionnels des hyperactifs. Des modèles plus complexes ont été utilisés et une conception plus intégrée commence à émerger. L'application de paradigmes attentionnels bien opérationnalisés a permis d'écarter les hypothèses de départ concernant les déficits des capacités, les déficits d'attention partagée, focalisée ou soutenue, associés à un mécanisme de traitement spécifique.

Les données de la recherche suggèrent que les déficits de performance chez les enfants hyperactifs impliquent à la fois des processus de «bas en haut» et de «haut en bas». En ce qui concerne les processus de bas en haut, les opérations associées à la sortie motrice semblent perturbées. Il est de plus évident qu'un processus supérieur de contrôle de haut en bas impliqué dans l'inhibition, dans l'effort et le contrôle stratégique est également en cause dans l'hyperactivité.

Donc, l'hyperactivité pourrait à la fois impliquer des mécanismes énergétiques et l'attribution de ressources à un niveau supérieur et des processus moteurs à un niveau inférieur. Cependant, une hypothèse plus économique (un déficit localisé seulement au niveau inférieur) ne peut pas être écartée pour le moment, bien que les données obtenues avec les doubles tâches rendent cette possibilité peu vraisemblable. Des études investiguant l'inhibition, le temps de réponse et le renforcement sont nécessaires. En ce qui concerne certaines études de métacognition, la relation entre les construits et les variables opérationnalisées n'est pas toujours claire.

Comme l'avaient déjà noté Gopher et Sanders (1984), la tentation existe toujours de considérer toute différence entre des sujets témoins et des contrôles comme une preuve d'une dysfonction attentionnelle. Selon nous, pour prouver une dysfonction attentionnelle dans l'hyperactivité, on doit exiger non seulement une différence de performance entre groupes mais aussi dans les tâches et dans les interactions rapportées entre le groupe et la tâche (Sergeant et van der Meere, 1990a). Tant que ces critères ne seront pas remplis, beaucoup d'études resteront non concluantes, sans parler des exigences quant à la spécificité de comparaison entre les groupes cliniques.

Il est cependant encourageant de voir que les connaissances basées sur des données empiriques continuent d'augmenter. Ce sont elles qui nous permettront éventuellement de définir l'action des mécanismes de niveaux différents qui interviennent dans le traitement de l'information, et finalement, d'expliquer et de traiter l'hyperactivité.

The author reviews the concept of attention, of its operationnalization and presents the main data obtained on information processing in hyperactivity. Research findings to date suggest that the performance deficit of hyperactive children involves both a bottom-up and a top-down mechanism. In the case of the former, there is evidence that output related operations appear to be disturbed which involve motor processing. There has been consistently found in a variety of paradigms that the timing of hyperactives differs from controls. In addition to this, there is evidence that an upper, top-down mechanism which is involved in the inhibition, effort and strategic control is also involved.

Références

Ballinger CT, Varley CK, Nolen PA. Effects of methyphenidate on reading in children with attention deficit disorder. **Am J Psychiatry** 1984;141:1590-1593.

Balthazor MJ, Wagner RK, Pelham WE. The specificity of the effects of stimulant medication on classroom learning-related measures of cognitive processing for attention deficit disorder children. **J Abnorm Child Psychol** 1991;19:35-52.

Barkley RA. The ecological validity of laboratory and analogue assessment methods of ADHD symptoms. **J Abnorm Child Psychol** 1991;19:149-178.

Benezra E, Douglas VI. Short-term serial recall in ADDH, normal and reading-disabled boys. **J Abnorm Child Psychol** 1988;16:511-525.

Borcherding B, Thompson K, Kruesi M, Bartko J, Rapoport JL, Weingartner H. Automatic and effortful processing in attention deficit hyperactivity disorder. **J Abnorm Child Psychol** 1988;16:333-345.

Brumaghim JT, Klorman R, Strauss J, Lewine JD, Goldstein MG. Does methylphenidate affect information processing? Findings from two studies on performance and P3b latency. **Psychophysiology** 1987;24:361-373.

Campbell SB, Douglas VI, Morgenstern G. Cognitive styles in hyperactive children and the effect of methylphenidate. **J Child Psychol Psychiatry** 1971;12:55-67.

Campbell SB, Endman MW, Bernfeld G. A three-year follow-up of hyperactive preschoolers into elementary school. **J Child Psychol Psychiatry** 1977;18:239-249.

Carlson CL, Pelham WE, Swanson JM, Wagner JL. A divided attention analysis of the effects of methylphenidate on the arithmetic performance of children with attention-deficit hyperactivity disorder. **J Child Psychol Psychiatry** 1991;32:463-471.

Chee P, Logan G, Schachar R, Lindsay P, Wachsmuth R. Effects of event rate and display time on sustained attention in hyperactive, normal and control children. **J Abnorm Child Psychol** 1989;17:371-391.

Cohen NJ, Weiss G, Minde K. Cognitive styles in adolescents previously diagnosed as hyperactive. **J Child Psychol Psychiatry** 1972;13:203-209.

Cunningham SJ, Knights RM. The performance of hyperactive and normal boys under differing reward and punishment schedules. **J Pediatr Psychol** 1978;3:195-201.

Dalby JT, Kinsbourne M, Swanson JM. Self-paced learning in children with attention deficit disorder with hyperactivity. **J Abnorm Child Psychol** 1989;17:269-275.

Dalby JT, Kinsbourne M, Swanson JM, Sobol MP. Hyperactive children's underuse of learning time: correction by stimulant treatment. **Child Dev** 1977;48:1448-1453.

Daugherty TK, Quay HC. Response perseveration and delayed responding in childhood behavior disorders. **J Child Psychol Psychiatry** 1991;32:453-461.

Douglas VI, Benezra E. Supraspan verbal memory in attention deficit disorder with hyperactivity normal and reading-disabled boys. **J Abnorm Child Psychol** 1990;18:617-638.

Douglas VI, Parry PA. Effects of reward on delayed reaction time task performance of hyperactive children. **J Abnorm Child Psychol** 1983;11:313-326.

Draeger S, Prior M, Sanson A. Visual and auditory performance in hyperactive children: competence or compliance? **J Abnorm Child Psychol** 1985;14:411-424.

Dykman RA, Ackerman PT, Oglesby DM. Selective and sustained attention in hyperactive learning-disabled and normal boys. **J Nerv Ment Dis** 1979;167:288-297.

Firestone P, Douglas VI. The effects of reward and punishment on reaction times and autonomic activity in hyperactive and normal children. **J Abnorm Child Psychol** 1975;3:201-216.

Fisk AD, Schneider W. Control and automatic processing during tasks requiring sustained attention. **Human Factors** 1981;23:737-750.

Fitzpatrick P, Klorman R, Brumaghim JT, Keefover RW. Effects of methylphenidate on stimulus evaluation and response precesses: evidence from performance and event-related potentials. **Psychophysiology** 1988;25:292-304.

Freibergs V, Douglas VI. Concept learning in hyperactive and normal children. **J Abnorm Psychol** 1969;75:388-395.

Frowein HW. **Selective drug effects on information precessing.** Enschede: Sneldruk Boulevard, 1981.

Gopher D, Navon D. How is performance limited: testing the notion of central capacity. **Acta Psychol** 1980;46:161-180.

Gopher D, Sanders AF. S-Oh-R. Oh Stages! Oh resources. In: Prinz W, Sanders AF (Eds). **Cognition and motor processes.** Berlin: Springer Verlag, 1984.

Gray JA. **The neuropsychology of anxiety: an enquiry into the functions of the septo-hippocampal system.** New York: Oxford University Press, 1982.

Hopkins J, Perlman T, Hechtman L, Weiss G. Cognitive style in adults originally diagnosed as hyperactives. **J Child Psychol Psychiatry** 1979;20:209-216.

Kahneman D. **Attention and effort.** Englewood Cliffs: Prentice-Hall, 1973.

Klorman R, Brumaghim JT, Salzman LF, Strauss J, Borgstedt AD, McBride MC, Loeb S. Effects of methylphenidate on attention-deficit hyperactivity disorder with and without agressive/noncompliant features. **J Abnorm Psychol** 1988;97:413-422.

Klorman R, Brumaghim JT, Fitzpatrick PA, Borgstedt AD. Methylphenidate speeds evaluation processes of attention deficit disorder during a continuous performance test. **J Abnorm Child Psychol** 1991;19:263-283.

Lam CM, Beale IL. Relationship between the delay task and rating scale measures of inattention and hyperactivity. **J Abnorm Child Psychol** 1989;17:625-631.

Logan G. Attention, automaticity and the ability to stop a speeded choice response. **Attention Performance** 1981;9:295-327.

Loiselle DL, Stamn Js, Maitinsky S, Whipple S. Evoked potentials and behavioural signs of attentive dysfunctions in hyperactive boys. **Psychophysiology** 1980;17:193-201.

Malone MA, Kershner JR, Siegel L. The effects of methylphenidate on levels of processing and laterality in children with attention deficit disorder. **J Abnorm Child Psychol** 1988;16:379-395.

Meere JJ van der, Sergeant JA. A divided attention experiment with pervasively hyperactive children. **J**

Abnorm Child Psychol 1987;15:379-391.

Meere JJ van der, Sergeant JA. Controlled processing and vigilance in hyperactivity: time will tell. J Abnorm Child Psychol 1988a;16:641-655.

Meere JJ van der, Sergeant JA. Focused attention in pervasively hyperactive children. J Abnorm Child Psychol 1988b;16:627-639.

Meere JJ van der, Sergeant JA. Acquisition of attention skill in pervasively hyperactive children. J Child Psychol Psychiatry 1988c;29:301-310.

Meere JJ van der, Baal M, Sergeant JA. The additive factor method: a differential diagnostic tool in hyperactivity and learning disability. J Abnorm Child Psychol 1989;17:409-422.

Meere JJ van der, Vreeling HJ, Sergeant JA. A motor presetting study in hyperactive, learning disabled and control children. J Child Psychol Psychiatry 1992;34:1347-1354.

Milich R, Carlson CL, Pelham WE, Licht BG. Effects of methylphenidate on the persistence of ADHD boys following failure experiences. J Abnorm Child Psychol 1991;19:519-536.

Norman DA, Bobrow DG. On data-limited and resource-limited processes. Cognitive Psychol 1975;7:44-64.

O'Neill ME, Douglas VI. Study strategies and story recall in attention deficit disorder and reading disability. J Abnorm Child Psychol 1991;19:671-692.

Pachella RG. The interpretation of reaction time in information processing research. In: Kantowitz BH (Ed). Human information processing: tutorials in performance and cognition. Hillsdale: Lawrence Erlbaum, 1974: 41-82.

Parasuraman R. The psychobiology of sustained attention. In: Warm JS (Ed). Sustained attention in human performance. New York: Wiley, 1984.

Parry PA, Douglas VI. The effects of reward on the performance of hyperactive children. J Abnorm Child Psychol 1983;11:327-340.

Pearson DA, Lane DM, Swanson JM. Auditory attention switching in hyperactive children. J Abnorm Child Psychol 1991;19:479-492.

Peeke S, Halliday R, Callaway E, Prael R, Reks V. Effects of two doses of methylphenidate on verbal information processing in hyperactive children. J Clin Psychopharmacol 1984;4:82-88.

Pribram KH, McGuiness D. Arousal, activation and effort in the control of attention. Psychol Rev 1975;82:116-149.

Prior M, Sanson A, Freethy C, Geffen G. Auditory attentional abilities in hyperactive children. J Child Psychol Psychiatry 1985;26:289-304.

Quay HC. Attention deficit disorder and the behavioural inhibition system: the relevance of the neuropsychological theory of Jeffrey A. Gray. In: Bloomingdale LM, Sergeant JA (Eds). Attention deficit disorder: criteria, cognition, intervention. Oxford: Pergamon Press, 1988: 117-126.

Rabbitt PMA, Rogers B. What does a man do after he makes an error: an analysis of response programming. Q J Exp Psychol 1977;29:727.

Sanders AF. Towards a model of stress and performance. Acta Psychol 1983;53:61-97.

Sanders AF. Issues and trends in the debate on discrete versus continuous processing of information. Acta Psychol 1990;74:123-167.

Satterfield JH, Dawson ME. Electrodermal correlates of hyperactivity in children. Psychophysiology 1971;8:191-197.

Schachar R, Logan G. Are hyperactive children deficient in attentional capacity? J Abnorm Child Psychol 1990a;18:493-513.

Schachar R, Logan GD. Impulsivity and inhibitory control in normal development and childhood psychopathology. Dev Psychol 1990b;26:710-720.

Schneider W, Shiffrin RM. Controlled and automatic human information processing. **Psychol Rev** 1977;84:1-66.

Seidel WT, Joschko M. Evidence of difficulties in sustained attention in children with ADDH. **J Abnorm Child Psychol** 1989;18:217-229.

Sergeant JA, Meere JJ van der. What happens after a hyperactive commits an error? **Psychiatry Res** 1988;28:157-164.

Sergeant JA, Meere JJ van der. The diagnostic significance of attentional processing: its significance for ADDH classification - a future DSM. In: Sagvolden T, Archer T (Eds). **Attention deficit disorder.** Hillsdale, NJ: Lawrence Erlbaum Ass., 1989: 151-166.

Sergeant JA, Meere JJ van der. Convergence of approaches in localising the hyperactivity deficit. **Adv Clin Child Psychol** 1990a;13:207-245.

Sergeant JA, Meere JJ van der. Additive factor methodology applied to psychopathology with special reference to hyperactivity. **Acta Psychol** 1990b;74:277-295.

Sergeant JA, Meere JJ van der. Ritalin effects and information processing in hyperactivity. In: Greenhill LL, Osman BB (Eds). **Ritalin: theory and patient management.** New York: Mary Ann Liebert, 1991: 1-14.

Sergeant JA, Meere JJ van der. Disruptive behavior in childhhod. - Essays in honour of HC Quay. In: Routh D (Ed). **Towards an empirical child psychopathology.** 1993 (in press).

Sergeant JA, Scholten CA. A stages-of-information approach to hyperactivity. **J Child Psychol Psychiatry** 1983;24:49-60.

Sergeant JA, Scholten CA. On data limitations in hyperactivity. **J Child Psychol Psychiatry** 1985a;26:111-124.

Sergeant JA, Scholten CA. On resource strategy limitations in hyperactivity: cognitive impulsivity reconsidered. **J Child Psychol Psychiatry** 1985b;26:97-109.

Shiffrin RM, Schneider W. Controlled and automatic human information processing. - II. Perceptual learning, automatic attending and a general theory. **Psychol Rev** 1977;84:127-190.

Solanto MV. The effects of reinforcement and response-cost on a delayed response task in children with attention deficit hyperactivity disorder: a research note. **J Child Psychol Psychiatry** 1990;31:803-808.

Sonuga-Barke EJS, Taylor E, Heptinstall E. Hyperactivity and delay aversion. - II. The effect of self versus externally imposed stimulus presentation periods on memory. **J Child Psychol Psychiatry** 1992;33:399-409.

Sonuga-Barke EJS, Taylor E, Sembi S, Smith J. Hyperactivity and delay aversion. - I. The effects of delay on choice. **J Child Psychol Psychiatry** 1992;33:387-398.

Sternberg S. Discovery of processing stages: extensions of Donders' method. In: Koster WG (Ed). **Attention and performance II.** Amsterdam: North Holland, 1969: 276-315.

Sykes DH, Douglas VI, Weiss G, Minde KK. Attention in hyperactive children and the effect of methylphenidate (Ritalin). **J Child Psychol Psychiatry** 1971;12:129-139.

Sykes DH, Douglas VI, Morgenstern G. Sustained attention in hyperactive children. **J Child Psychol Psychiatry** 1973;14:213-220.

Tannock R, Schachar RJ, Carr RP, Chajczyk D, Logan GD. Effects of methylphenidate on inhibitory control in hyperactive children. **J Abnorm Child Psychol** 1989;17:473-491.

Vaessen W. **Ecological validity of hyperactivity studies.** [Thesis] Groningen: University of Groningen, 1988.

Vaessen W. Performance of hyperactive children in a traffic task: a validation study. In: Kalverboer AF (Ed). **Developmental biopsychology.** Ann Arbor: University of Michigan Press, 1990: 95-114.

Warm JS. **Sustained attention in human performance.** New York: Wiley, 1984.

Weingartner H, Rapoport JL, Buchsman MS, Bunney WE, Ebert MH, Mikkelsen EJ, Caine ED. Cognitive processes in normal and hyperactive children and their response to amphetamine treatment. **J Abnorm Psychol** 1980;89:25-37.

Wickens CD. **Engineering psychology and human performance.** Columbus: Merill Publ., 1984.

Worland J. Effects of positive and negative feedback on behavior control in hyperactive and normal boys. **J Abnorm Child Psychol** 1976;4:315-326.

Zahn T, Kruesi MJP, Rapoport JL. Reaction time indices of attention deficits in boys with disruptive behavior disorders. **J Abnorm Child Psychol** 1991;19:233-252.

P.R.I.S.M.E. hiver 1992, vol. 3, no 2

LES BASES NEUROPHYSIOLOGIQUES DU COMPORTEMENT ÉMOTIONNEL DE L'ENFANT HYPERACTIF

Introduction

Philippe ROBAEY

L'auteur, M.D. Ph.D.est chercheur agrégé et directeur du Laboratoire de Psychophysiologie Cognitive et de Neuropsychiatrie au Département de psychiatrie à l'Hôpital Sainte-Justine.

Un grand nombre d'études ont tenté de localiser le site du déficit cognitif dans le trouble déficitaire de l'attention avec hyperactivité (TDAH). Le modèle le plus fréquemment utilisé a été celui du traitement de l'information par étapes successives (Sternberg, 1969). Selon ce modèle, le traitement de l'information s'effectue par étapes consécutives où chacune doit être terminée avant que la suivante ne commence. Quatre étapes ont été ainsi distinguées: l'encodage du stimulus, la recherche en mémoire, le choix de la réponse et l'exécution de la réponse. Chaque étape peut être affectée spécifiquement par la manipulation d'une variable cognitive: par exemple, la dégradation physique du stimulus modifie son encodage. L'ensemble des recherches menées sur la base de ce modèle ont permis de conclure que les étapes d'encodage, de recherche en mémoire et de choix de la réponse étaient intactes dans l'hyperactivité (Sergeant et Scholten, 1983). Par contre, un ensemble de résultats concordants démontrent une atteinte de la programmation et de l'exécution des réponses motrices.

Le premier processus de la sortie motrice est la sélection de la réponse qui est classiquement manipulée au moyen de la compatibilité stimulus-réponse. Une réponse est dite compatible quand

Cet article présente les données neurophysiologiques sur l'hyperactivité qui permettent de localiser le site du déficit cognitif au cours du traitement de l'information. Des résultats convergents suggèrent que les enfants hyperactifs ne présentent aucun déficit de l'évaluation des stimulus (en particulier, des étapes d'encodage, de recherche en mémoire ou de décision). Par contre, les étapes motrices sont certainement perturbées, en particulier par des difficultés à inhiber des réponses automatiques, ce qui exige par conséquent un contrôle volontaire plus important. D'autre part, les enfants hyperactifs présentent une difficulté à maintenir les mêmes stratégies cognitives pendant de longues périodes de temps. Les effets des psychostimulants sur ces particularités de traitement sont par ailleurs discutés.

L'ensemble de toutes ces données pourraient être expliquées par un dysfonctionnement du système inhibiteur du comportement (Gray, 1982). Selon ce modèle, un défaut d'inhibition motrice serait associé à une difficulté d'augmenter les niveaux de vigilance et d'attention. Plusieurs résultats préliminaires en neurophysiologie confirment le caractère prometteur de cette voie de recherche.

elle est exécutée dans l'hémi-espace associé au stimulus (par exemple, répondre avec la main droite à un stimulus présenté à droite). La correspondance stimulus-réponse est alors «naturelle» et le programme moteur adéquat peut être automatiquement rappelé en mémoire. Par contre, dans une situation incompatible (où la réponse est exécutée avec la main opposée au côté associé au stimulus), la réponse ne peut plus être activée automatiquement et il en résulte une augmentation du temps de réaction (Zelaznik et Franz, 1990). Cet allongement du temps de réaction dans une situation incompatible diminue avec l'âge: il est trois fois plus important chez le jeune enfant que chez l'adulte. D'autre part, Van der Meere et al. (1990) ont montré que l'effet de l'incompatibilité spatiale était plus important chez les enfants hyperactifs que chez les témoins et que chez les enfants présentant des difficultés d'apprentissage.

L'inhibition motrice est un autre aspect de l'exécution de la réponse qui est perturbé dans l'hyperactivité. Les capacités d'inhibition motrice peuvent être évaluées par le paradigme d'arrêt: alors qu'un sujet réalise une tâche répétitive (répondre par un mouvement de la main à un stimulus toujours identique), un signal d'arrêt est présenté de manière aléatoire, qui indique au sujet d'inhiber sa réponse, pour autant qu'il le puisse. En utilisant ce protocole, Schachar et Logan (1990) ont montré que les enfants hyperactifs avaient besoin, entre le premier et le deuxième stimulus, d'un délai beaucoup plus long que le groupe témoin pour inhiber de manière comparable leur réponse. Sous méthylphénidate par contre, le délai nécessaire pour obtenir un niveau comparable d'inhibition est le même dans les deux groupes. Par ailleurs, il faut souligner que l'inhibition motrice évolue très peu avec l'âge, ce qui souligne le caractère différent des processus mis en jeu dans un protocole de compatibilité spatiale et dans un protocole d'arrêt de la réponse.

Psychophysiologie cognitive des troubles attentionnels

En général, les études qui ont utilisé comme mesure additionnelle les potentiels évoqués cérébraux ont abouti à des conclusions convergentes. L'onde P300 est un potentiel positif évoqué par des stimulus rares et déviants quand ils sont présentés dans une série de stimulus standards et répétitifs. Sa latence est souvent utilisée comme mesure de la durée de l'évaluation du stimulus. En adoptant une logique de soustraction, la différence entre la latence de l'onde P300 et le temps de réaction permet donc de mesurer la durée des processus post-évaluation, notamment moteurs.

En utilisant des tâches où l'enfant compare un stimulus avec un modèle qu'il garde en mémoire, la plupart des études ont montré que l'augmentation de la latence de l'onde P300 en fonction de la difficulté de la tâche n'est pas modifiée par la prise de méthylphénidate, alors que le temps de réaction est significativement raccourci (Brumaghin et al., 1987; Callaway, 1983, 1984; Coons et al., 1987; Klorman et al., 1988: Peloquin et Klorman, 1986). Ce résultat a été retrouvé aussi bien chez des adultes et des enfants normaux que chez des adolescents anciennement diagnostiqués hyperactifs.

Ces résultats suggèrent que le site du déficit cognitif dans le TDAH se situe après l'évaluation du stimulus, au moment de la prise de décision et de l'élaboration de la réponse motrice. Cependant, si on adopte un «modèle en cascade» (McClelland, 1979) où les processus indexés par l'onde P300 ne doivent pas nécessairement être tous achevés pour prendre une décision quant à la réponse, la différence entre la latence de l'onde P300 et le temps de réaction pourrait inclure certains processus liés à l'évaluation du stimulus.

Pour étudier à un niveau neurophysiologique les troubles de la sortie motrice dans l'hyperactivité, il est indispensable d'utiliser des marqueurs biologiques de cette sortie. Les potentiels de préparation motrice fournissent de tels marqueurs: une seconde à une seconde et demie avant l'initiation d'un mouvement, un potentiel négatif peut être enregistré sur le scalp contralatéral à la main qui va répondre. L'activation des cellules pyramidales dans les couches 4 et 5 des aires prémotrices semble jouer un rôle majeur dans la génération de ce potentiel (Brunia, 1988; Arezzo et Vaughan, 1980; Allison, Wood et McCarthy, 1986).

Sur une base morphologique et topographique, le potentiel de préparation motrice peut être divisé en deux composantes (Deecke et al., 1985). La première composante (RP1) a une distribution symétrique et bilatérale sur le scalp, avec une amplitude maximum au niveau de l'aire motrice supplémentaire. La deuxième composante (RP2) commence plus tardivement (environ une demi-seconde avant l'initiation du mouvement) et présente une distribution asymétrique avec un maximum au niveau du cortex moteur primaire contralatéral aux mouvements de la main. Alors que la deuxième composante est concomitante de tout mouvement, la première ne s'observe qu'en relation avec des mouvements volontaires. Les études magnéto-encéphalographiques ont permis de localiser l'activité de la première composante dans l'aire motrice supplémentaire. D'autre part, le générateur de la deuxième composante a été localisé au niveau du cortex précentral, à la fois en analysant les potentiels de scalp au moyen d'analyses de densité de courant et en enregistrant directement des potentiels épicorticaux au cours d'interventions pour épilepsie chez l'homme.

Chez l'enfant, les potentiels de préparation motrice ont été encore relativement peu étudiés. Néanmoins, Rothenberger (1990) a montré qu'au cours d'un mouvement répétitif de l'index, le potentiel de préparation motrice observé chez les enfants hyperactifs était plus diffus, avec un maximum frontal, alors que celui observé chez les enfants normaux était focalisé au niveau du vertex. Ce déplacement frontal du potentiel de préparation motrice est encore plus important chez les enfants présentant un syndrome de Gilles de la Tourette. L'interprétation proposée par cet auteur était que la tâche s'automatisait facilement chez les sujets normaux mais exigeait un contrôle moteur volontaire plus important (impliquant peut-être l'aire motrice supplémentaire) chez les hyperactifs, et encore plus important chez les enfants présentant des tics multiples. Autrement dit, le rappel automatique d'un programme moteur ne permettait pas à un enfant hyperactif de réaliser correctement la tâche, et encore moins en cas de tics multiples.

Le déplacement frontal du potentiel de préparation motrice constituerait donc un indice du contrôle volontaire des mouvements dans ces deux groupes de sujets. Cette interprétation est convergente avec la dissociation topographique des composantes obligatoire (RP2) et volontaire (RP1) du potentiel de préparation motrice. D'autre part, des études réalisées au moyen du PET-Scan ont également montré (Fox et al., 1985) une augmentation du flux sanguin dans l'aire motrice supplémentaire au cours de la réalisation de mouvements volontaires, comparés à des mouvements automatisés. Néanmoins, il faut souligner que le contrôle moteur n'était pas une variable dépendante dans le protocole de Rothenberger (1990).

Un autre aspect du TDAH, l'impulsivité, peut être expliqué par une stratégie cognitive particulière: les sujets impulsifs adopteraient une stratégie de pari en anticipant sur le stimulus à venir et en donnant leur réponse aussitôt que celui-ci est présenté. En favorisant la vitesse sur la précision, ils produisent ainsi beaucoup de faux positifs. Sergeant (1981, 1985) a été le premier à étudier systématiquement ces effets de stratégie. Il a montré que des sujets contrôles à qui on demandait de favoriser la vitesse de réponse devenaient effectivement plus rapides mais moins précis. Par contre, les sujets hyperactifs ne montraient pas la même relation entre précision et rapidité: avec la même instruction de favoriser la vitesse des réponses, ils ne deviennent pas plus rapides, même si la précision de leur réponse diminue.

L'examen de la distribution des temps de réponses a montré que les enfants hyperactifs étaient lents pour une partie des essais, mais rapides pour l'autre partie. Les enfants hyperactifs sont donc capables de se conformer à une instruction de rapidité, mais seulement pendant une période relativement brève; par contre, ils ont de la difficulté à soutenir un mode de traitement rapide pour une longue durée. L'effet du méthylphénidate dépend du niveau de précision atteint par les sujets hyperactifs: le médicament ralentit les sujets peu précis mais augmente la vitesse de réponse des sujets qui sont déjà précis (Klorman et al., 1988). Ces résultats suggèrent donc que le méthylphénidate n'affecte pas seulement les stades d'initiation, de préparation et de contrôle moteur de la réponse mais qu'il peut également affecter la stratégie cognitive.

Mécanismes de contrôle des comportements émotionnels

L'ensemble des travaux présentés dans la première partie de cette revue démontre qu'une recherche systématique menée avec des enfants hyperactifs a permis de progresser dans la compréhension de la nature du trouble. Le recours à des modèles explicites et falsifiables, que l'on pouvait rejeter sur une base expérimentale, a permis qu'une démarche scientifique se développe, confrontant hypothèses à démontrer et résultats d'expérimentations. Cependant, l'utilisation d'un modèle, quelqu'il soit, ne permet jamais de rendre compte de l'ensemble du comportement hyperactif, mais seulement de certains de ses aspects.

Cette constatation pourrait conduire à abandonner un concept unitaire de l'hyperactivité et à lui substituer un ensemble de sous-groupes qui auraient chacun leur modèle explicatif. L'impulsivité, par exemple, qui fait partie de l'ensemble du syndrome de l'hyperactivité, peut être ramenée à un déficit de stratégie cognitive. D'autre part, d'autres aspects cliniques de l'hyperactivité, comme l'activité motrice désorganisée et sans but, pourraient s'expliquer par un déficit du contrôle moteur. L'alternative à cette vision morcelée de l'hyperactivité est d'en proposer un modèle global, avec pour point de départ les connaissances actuelles des mécanismes de contrôle des comportements émotionnels. L'ensemble des symptômes de l'hyperactivité pourraient alors être expliqués par le dysfonctionnement d'un de ces mécanismes de contrôle.

A l'heure actuelle, les travaux menés avec des animaux de laboratoire utilisant une grande variété de techniques (comportementales, pharmacologiques, physiologiques et biochimiques) suggèrent l'existence de trois systèmes séparés quoique en interaction pour le contrôle des comportements émotionnels: un système de fuite et d'attaque, un système d'approche et un système d'arrêt (Gray, 1982). Le système d'arrêt ou système inhibiteur du comportement (BIS pour «Behavioural Inhibitor System») est activé par la nouveauté, l'absence de récompense ou le caractère punitif d'une situation. Les sorties comportementales du système BIS consistent en une inhibition des activités en cours et des réponses comportementales apprises auparavant, en une augmentation du niveau de vigilance et en une augmentation de l'attention portée à l'environnement. Chacune de ces modifications du comportement dépendrait d'un neuro-médiateur particulier: l'inhibition comportementale serait contrôlée par la sérotonine, l'augmentation du niveau de vigilance par la noradrénaline et l'augmentation de l'attention par l'acétylcholine. Les bases neurales du système BIS comprennent le système septo-hippocampique ainsi que les structures qui lui sont étroitement associées comme le circuit de Papez et certaines structures néocorticales (les cortex entorhinal, préfrontal et cingulaire). Le système BIS comprend également des voies monoaminergiques ascendantes noradrénergiques et sérotonergiques.

Le deuxième système qui semble pertinent dans l'explication de l'hyperactivité est le système d'approche ou système activateur du comportement (BAS pour «Behavioural Activating System»). Les bases neurobiologiques du système BAS sont mal connues, mais il est à peu près certain que les voies dopaminergiques ascendantes qui innervent le noyau accumbens et le striatum ventral à partir de l'aire tegmentale ventrale jouent un rôle clé dans la motivation.

Hyperactivité et contrôle des comportements émotionnels

En s'appuyant sur l'opposition entre les systèmes activateurs et inhibiteurs du comportement, Quay (1985) a proposé un modèle psychophysiologique des troubles du comportement de l'enfant. La première proposition de Quay est que le comportement de retrait caractérisé par l'anxiété, la dysphorie et le retrait social peut être attribué à une hyperactivité du système inhibiteur du comportement (BIS). A l'autre extrémité du continuum, Quay attribue le déficit attentionnel avec hyperactivité à une hypoactivité du même système BIS. Sur la même base, Quay suggère également que les enfants présentant des troubles des conduites pourraient avoir un système activateur du comportement (BAS) hyperactif.

Il faut d'abord souligner que ce modèle peut rendre compte de l'ensemble des résultats (négatifs et positifs) déjà présentés. Un déficit du système BIS n'implique en effet aucune anomalie d'un processus élémentaire de l'évaluation des stimuli, comme l'encodage ou la recherche en mémoire. Par contre, ce déficit explique les troubles des étapes motrices dans la mesure où l'absence d'inhibition des comportements en cours et appris auparavant pourrait interférer avec la réalisation des actes moteurs volontaires.

De plus, l'hypothèse selon laquelle l'hyperactivité est la conséquence d'un déficit du système inhibiteur BIS peut s'appuyer sur des données comportementales et pharmacologiques. Le fait que les enfants hyperactifs font plus d'erreurs par commission (i.e. qu'ils répondent à des stimuli non cibles pour lesquels ils devraient inhiber toute réponse) est en effet en accord avec un déficit de l'inhibition. Cependant, les erreurs par omission (i.e. l'absence de réponse pour des stimuli cibles qui requièrent une réponse) ne peuvent évidemment être expliquées par un simple défaut d'inhibition. Pourtant, un déficit du système inhibiteur BIS entraîne également une incapacité à augmenter l'attention portée aux éléments pertinents de l'environnement, ce qui pourrait aussi expliquer l'absence de détection de stimuli cibles, et donc des erreurs par omission observées chez les enfants hyperactifs. Il faut noter que ce modèle est difficilement falsifiable sur la base de données comportementales, puisqu'il peut être validé aussi bien par la présence d'une réponse inadéquate à un stimuli non cible que par l'absence d'une réponse adéquate à un stimuli cible.

Les données pharmacologiques actuelles sur l'hyperactivité sont également en faveur d'un déficit du système BIS. En effet, Rapoport et Zametkin (1985) dans une revue de la littérature ont conclu que les drogues qui amélioraient le plus l'hyperactivité étaient celles qui présentaient une action spécifique noradrénergique. A l'inverse, les anxiolytiques qui inhibent le système BIS aggravent les symptômes de l'hyperactivité et ne sont donc jamais utilisés dans son traitement.

Mais c'est peut-être dans le domaine de la physiologie cognitive que l'on devrait retrouver les arguments les plus convaincants en faveur de l'implication du système BIS dans l'hyperactivité. Les mesures de l'activité cérébrale permettent en effet de marquer l'activité du système BIS à un niveau central, avant et après que cette activité ne se différencie en plusieurs sorties motrices, attentionnelles ou d'éveil. L'onde P300 est un potentiel positif évoqué par des stimuli rares et déviants quand ils sont présentés dans une série de stimuli standards et répétitifs. Son amplitude est modulée, entre autres, par l'attention que le sujet porte aux stimuli. Chez le singe, on a montré que la modulation de l'amplitude de la P300 était sous contrôle des projections noradrénergiques du locus coeruleus. Dans le modèle de Gray, l'onde P300 pourrait donc être un marqueur de la composante attentionnelle du système BIS, elle aussi contrôlée par les projections noradrénergiques du locus coeruleus. Chez l'homme, l'amplitude de l'onde P300 est effectivement diminuée dans l'hyperactivité, et son amplitude redevient normale sous méthylphénidate (Klorman et al., 1988; Michael et al., 1981). Cet effet du méthylphénidate semble dépendre de la durée de la tâche (Coons et al., 1987; Strauss et al., 1984). Ces données semblent donc en accord avec le modèle de Gray, mais devraient être vérifiées en utilisant des protocoles beaucoup plus proches de ceux utilisés dans les expérimentations animales.

Dumais-Huber et Rothenberger (1992) ont utilisé un protocole où, après un premier stimuli avertisseur, le sujet répond à un deuxième stimuli impératif en appuyant sur une clé aussi vite que possible. Dans une situation de contrôle, la réponse du sujet interrompt le deuxième stimuli. Par contre, dans une situation de non-contrôle, le deuxième stimuli a une durée fixe, que la réponse soit adéquate ou non. Les deux conditions, contrôle et non-contrôle, se succèdent par blocs. Dans la condition de non-contrôle, la négativité qui se développe normalement entre le premier et le second stimuli se prolonge au-delà du deuxième stimuli. Cette variation négative post-impérative (PINV) est maximale dans les régions frontales, chez les témoins comme chez des enfants tiqueurs. Par contre, la PINV est absente dans les régions frontales chez les enfants hyperactifs.

La situation où le sujet se trouve privé du contrôle a posteriori sur sa réponse représente une situation activatrice du système BIS. Le système inhibiteur du comportement est en effet activé par des stimuli comme l'absence de récompense, la nouveauté ou la punition. L'absence de rétroaction positive (l'interruption du second stimuli) amène le sujet à douter de la qualité de sa réponse et le place dans une situation de non-récompense et de nouveauté. L'activité électrique évoquée dans cette situation (la PINV) pourrait donc être un marqueur de l'activation du système BIS. L'absence d'augmentation de cette activité dans les régions frontales observés chez les enfants hyperactifs, comparés à des témoins normaux, pourrait donc refléter le déficit d'activation du système inhibiteur du comportement chez les enfants hyperactifs.

Chez l'homme, un autre rôle du système BIS pourrait être de favoriser des changements de stratégie cognitive lorsque le sujet se rend compte que la réponse fournie n'est pas adéquate. L'inhibition du comportement en cours, l'augmentation de l'éveil et l'augmentation de l'attention pourraient permettre au sujet d'adopter des stratégies cognitives mieux adaptées à la situation.

Deux études ont abordé cette question sur une base neurophysiologique. Dans ces deux études, des stimuli déviants présentés de manière aléatoire dans une série de stimuli répétitifs pouvaient être détectés, soit par un processus automatique, soit par des processus contrôlés. Chacun de ces deux types de processus, automatique et contrôlé, peut être mesuré séparément, grâce à des manifestations électrophysiologiques spécifiques qui diffèrent par leur moment d'apparition et leur localisation sur le scalp. Le but de ces deux études était chaque fois de mesurer l'utilisation relative de ces deux types de traitement chez des enfants hyperactifs et chez des enfants témoins normaux, dans deux types de situation, l'une plus difficile que l'autre.

En utilisant une tâche de longue durée où on demandait aux enfants de détecter pour une oreille des changements de tonalité d'un son pur présenté aléatoirement dans les deux oreilles, Satterfield (1988) a montré que les marqueurs électrophysiologiques des processus automatiques et contrôlés étaient tous deux diminués chez les enfants hyperactifs comparés à des enfants témoins. Une détection automatique moins efficace des stimuli déviants aurait donc pour conséquence une activation moindre du système

BIS et, en conséquence, une plus grande difficulté à porter une attention volontaire aux stimuli présentés dans l'oreille attentive.

Au contraire, en utilisant des stimuli visuels simples (des dessins) facilement différenciables et une tâche beaucoup plus courte, Robaey (1992) a montré que les marqueurs électrophysiologiques des processus automatiques et contrôlés étaient tous deux augmentés chez les enfants hyperactifs comparés à des enfants témoins. Dans ce type de tâche, les enfants hyperactifs utilisent fortement des processus de détection automatiques. Le système BIS serait alors hyperactivé et, par conséquent, les enfants hyperactifs porteraient aussi une grande attention volontaire aux stimuli présentés. On peut donc prévoir que si la même tâche leur est proposée, mais avec des stimuli plus difficiles à traiter (des mots au lieu de dessins), les enfants hyperactifs auront plus de mal que des enfants témoins à adapter le traitement contrôlé, déjà très sollicité, à la difficulté de la tâche. Effectivement, l'activité électrique associée au processus contrôlé augmente beaucoup moins chez les enfants hyperactifs que chez les enfants témoins quand on présente des mots au lieu de dessins, alors que les réponses cérébrales de type automatique sont modifiées de manière identique par le changement de stimuli dans les deux groupes de sujets.

Conclusion

Cette relecture post-hoc des données en fonction du modèle de Gray suggère d'intéressantes pistes de recherche. Bien entendu, seulement des expérimentations basées explicitement sur ce modèle pourront finalement le valider ou non. Cependant, sur la base de l'ensemble de ces résultats, on pourrait proposer que l'hyperactivité est associée aussi bien à une hypoactivité qu'à une hyperactivité du système inhibiteur du comportement BIS. C'est la difficulté à réguler ce système en fonction de la situation qui caractériserait l'hyperactivité. Les relations fonctionnelles avec les autres systèmes du modèle de Gray, en particulier, le système activateur du comportement (BAS), devraient aussi être prises en compte. Dans cette voie de recherche, les méthodes d'imagerie fonctionnelle du cerveau, associées aux approches de la psychologie expérimentale, apporteront sans doute une contribution majeure. ❖

This paper presents neurophysiological data in hyperactive children which allow us to localize the locus of the cognitive deficit in information processing. Converging evidences suggest that there is no deficit in stimulus evaluation processes (encoding, memory search). In contrast, initiation, execution and control motor stages are certainly disturbed. In addition, hyperactive chidren have difficulty maintaining the same cognitive strategy for a long duration. Altogether, these data might be accounted by a dysfunctional behavior inhibiting system (BIS), according to Gray's model. Preliminary neurophysiological data addressing this issue appear to be promising.

Références

Allison T, Wood CC, McCarthy G. The central nervous system. In: Coles MGH, Donchin E, Porges SW. **Psychophysiology: systems, processes and applications.** New York: Guilford Press, 1986: 5-25.

Arezzo J, Vaughan HG. Cortical sources and topography of the motor potential and the somatosensory evoked potential in the monkey. In: Kornhuber HH, Deecke L (Eds). **Motivation, motor and sensory processes in the brain.** (Progress in brain research, vol. 54). Amsterdam: Elsevier, 1980: 77-83.

Brunia CH. Movement and stimulus preceding negativity. **Biol Psychol** 1988;26:165-178.

Brumaghim JT, Klorman R, Strauss J, Lewine JD, Goldstein MG. Does methylphenidate affect information processing? Findings from two studies on performance and P3b latency. **Psychophysiology** 1987;24:361-373.

Callaway E. The pharmacology of human information processing. **Psychophysiology** 1983;20:359-370.

Callaway E. Human information processing: some effects of methylphenidate, age and scopolamine. **Biol Psychiatry** 1984;19:649-662.

Coons HW, Klorman R, Borgstedt AD. Effects of methylphenidate on adolescents with a childhood history of attention deficit disorder. **J Am Acad Child Adol Psychiatry** 1987;26:368-374.

Deecke L, Kornhuber HH, Lang W, Lang M, Schreiber H. Timing function of the frontal cortex in sequential motor and learning tasks. **Hum Neurobiol** 1985;4:143-154.

Dumais-Huber C, Rothenberger A. Psychophysiological correlates of orienting, anticipation and contingency changes in children with psychiatric disorders. **J Psychophysiol** 1992;6:225-239.

Fox PT, Fox JM, Raichle ME, Burde RM. The role of cerebral cortex in the generation of voluntary saccades. **J Neurophysiol** 1985;54:348-369.

Gray JA. **The neuropsychology of anxiety: an enquiry into the functions of the septo-hippocampal system.** New York: Oxford University Press, 1982.

Klorman R, Brumaghim JT, Coons HW, Péloquin LJ, Strauss J, Lewine JD, Borgstedt AD, Goldstein MG. The contribution of event-related potentials to understanding the effects of stimulants on information processing in attention deficit disorder. In: Bloomingdale LF, Sergeant JA. **Attention deficit disorder: criteria, cognition, intervention.** Oxford: Pergamon Press, 1988: 199-218.

McClelland J. On the time relations of mental processes: a framework for analysing processes in cascade. **Psychol Rev** 1979;86:287-330.

Michael BM, Klorman R, Saltzman LF, Borgstedt AD, Dainer KB. Normalizing effects of methylphenidate on hyperactive children's performance and evoked potentials. **Psychophysiology** 1981;18:665-677.

Péloquin LJ, Klorman R. Effects of methylphenidate on normal children's mood, event-related potentials and performance in memory scanning and vigilance. **J Abnorm Psychol** 1986;95:88-98.

Quay HC. Attention deficit disorder and the behavioral inhibition system: the relevance of the neuropsychological theory of Jeffrey A. Gray. In: Bloomingdale LM, Sergeant J (Eds). **Attention deficit disorder: criteria, cognition, intervention.** Oxford: Pergamon Press, 1988: 117-125.

Rapoport JL, Zametkin A. **Drug treatments of attention deficit disorder.** Paper presented at a Conference on hyperactivity as a scientific challenge. Groningen, Netherlands: University of Groningen, june 1985.

Robaey P, Breton F, Dugas M, Renault M. An event-related potential study of controlled and automatic processes in 6-8 years boys with attention deficit hyperactivity disorder. **Electroencephalogr Clin Neurophysiol** 1982;82:330-340.

Rothenberger A. The role of the frontal lobes in child psychiatric disorders. In: Rothenberger A (Ed). **Brain and behavior in child psychiatry.** Berlin: Springer, 1990: 34-58.

Satterfield JH, Schell AM, Nicholas T, Backs RW. Topographic study of auditory event-related potentials in normal boys and boys with attention deficit hyperactivity disorder. **Psychophysiology** 1988;25:591-606.

Schachar K, Logan GD. Impulsivity and inhibitory control in normal development and childhood psychopathology. **Dev Psychol** 1990;26:710-720.

Sergeant JA. **Attentional studies in hyperactivity.** [Doctoral dissertation]. Groningen, Netherlands: Veenstra-Visser, 1981.

Sergeant JA, Scholten CA. A stages-of-information approach to hyperactivity. **J Child Psychol Psychiatry** 1983;24:49-60.

Sergeant JA, Scholten CA. On resource strategy limitations in hyperactivity: cognitive impulsivity reconsidered. **J Child Psychol Psychiatry** 1985;26:97-109.

Sternberg S. The discovery of processing stages: extensions of Donder's method. In: Koster WG. **Attention and performance II.** Amsterdam: North-Holland, 1969: 276-315.

Strauss J, Lewis JL, Klorman R, Péloquin LJ, Perlmutter RA, Salzman LF. Effects of methylphenidate on young adults' performance and event-related potentials in a vigilance and a paired-associates learning test. **Psychophysiology** 1984;21:609-621.

Van der Meere JJ, Franz E. Stimulus-response compatibility and the programming of motor activity: pitfalls and possible new directions. In: Proctor RW, Reeve TG. **Stimulus-response compatibility.** New York: Elsevier Science Publ., 1990: 279-295.

FORUM

HYPERACTIVITÉ ET AGRESSIVITÉ

L'entrevue tenue par téléconférence était conduite par **Philippe LAGEIX et Philippe ROBAEY**

Rachel **Gittelman Klein**, Ph.D. psychologue et chercheure, occupe les fonctions de directeure des Services psychologiques au New York Psychiatric Institute et au Columbia Presbyterian Medical Center et de professeure de psychologie clinique à l'Université Columbia de New York. Elle est impliquée depuis de nombreuses années en recherche et en clinique auprès d'enfants hyperactifs et de leurs familles.

P.R.I.S.M.E.: Vous suivez depuis longtemps, Dr Klein, des enfants qui sont maintenant adolescents ou même adultes. Partant des études que vous avez faites, pourriez-vous nous dire quelles étaient vos idées au départ et en quoi votre position a changé depuis?

Rachel Klein: Au moment où nous avons commencé nos études sur les enfants hyperactifs, surtout celles de longue durée, nous pensions que la plupart d'entre eux iraient mieux à l'adolescence, que quelques-uns resteraient inattentifs et peut-être impulsifs, mais que le plus grand nombre serait plus ou moins amélioré.

Il y avait une seule étude du Canada, faite à Montréal par Weiss et son équipe, et d'après leur rapport, la situation était assez optimiste, mais il était question surtout de troubles cognitifs et d'attention et pas vraiment de troubles de conduite. Cependant, ces chercheurs n'avaient pas conduit d'entrevues systématiques; il s'agissait plutôt d'impressions, sauf pour les résultats obtenus par des tests cognitifs. Ils savaient également qui étaient les anciens malades et qui étaient les sujets contrôles. Ceci pose toujours un problème puisqu'on peut, soit souhaiter que les enfants aillent bien, sinon voir les choses de façon plus pessimiste, si bien qu'on ne sait jamais jusqu'à quel point cela a joué dans le bilan que l'on fait. Nous pensions, quant à nous, qu'il était absolument nécessaire de procéder de façon

Deux chercheurs confirmés dessinent une vue d'ensemble de leur démarche de recherche à propos des troubles disruptifs associés chez les enfants hyperactifs. Ils discutent de leurs recherches récentes à propos de variables associées, telles l'implication de la famille et les hypothèses biologiques sous-tendant l'émergence de l'agressivité chez les enfants hyperactifs. La médiation de l'entrevue permet de donner une forme vivante à tous ces développements.

Richard E. **Tremblay**, Ph.D.

psychologue et chercheur,

occupe les fonctions de

professeur titulaire à l'Ecole de

Psycho-Education de l'Université

de Montréal et de directeur du

Groupe de Recherche sur

l'Inadaptation psychosociale

chez l'enfant. Il fait surtout

référence dans cette entrevue au

projet de recherche

«Prévalence, stabilité, dépistage

des difficultés de comportement

de mille garçons en milieu

scolaire de la maternelle au

secondaire».

aveugle et de faire un bilan systématique, de manière à étudier tous les aspects de la psychopathologie.

Certaines données indiquaient également la présence de troubles de l'humeur, ce qu'on appelait à l'époque «état émotionnel instable ou labile». D'ailleurs, dans notre interview, toute une série de questions portaient sur les changements d'humeur - le fait d'une humeur instable qui change rapidement et sans grande raison. Nous pensions trouver dans un certain groupe des troubles de l'humeur et peut-être, dans un petit groupe, des troubles très sérieux, mais nous croyions que la plupart seraient plus ou moins «guéris» de leurs troubles d'attention.

Plutôt, nous avons trouvé quelque chose auquel nous ne nous attendions pas du tout, à savoir, des troubles sérieux de conduite au cours de l'adolescence, dans la plus grande partie des cas. Entre 14 et 16 ans, la majorité avait eu des conflits avec leur famille, l'école, la communauté, etc., en somme, il s'agissait de troubles étendus à tous les domaines du comportement. Ce qui nous a aussi beaucoup surpris, c'est que ces jeunes chez qui on retrouvait des troubles de conduite étaient ceux qui avaient continué d'être hyperactifs. Une proportion d'environ 25% n'étaient plus hyperactifs et allaient bien. Donc, le développement des troubles de conduite était lié au fait que certains continuaient d'être hyperactifs, ce qui accentuait l'importance de l'impulsivité dans le trouble hyperactif. C'est une donnée dont on parle peu mais qui est sans doute très importante dans l'évolution des enfants hyperactifs.

Richard E. Tremblay: Quel âge avaient ces jeunes quand vous avez commencé à les suivre?

Rachel Klein: Au début du suivi, ils avaient entre 16 et 23 ans, en moyenne, 18 ans, et à ce moment-ci de notre étude, ils ont entre 24 et 32 ans.

Richard E. Tremblay: A quel moment l'hyperactivité avait-elle été identifiée pour la première fois?

Rachel Klein: Les enfants avaient entre 6 et 12 ans, en moyenne 8 ans et demi.

P.R.I.S.M.E.: Il serait intéressant que le Dr Tremblay nous parle ici de son expérience, lui qui s'intéresse aux problèmes de la délinquance et qui a suivi des enfants beaucoup plus jeunes.

Richard E. Tremblay: Les garçons que l'on suit depuis l'âge de 5 ans ont été évalués pour la première fois alors qu'ils étaient en maternelle. Il faut dire qu'il s'agit d'une population rencontrée au cours de dépistage fait dans les maternelles, donc, les enfants que l'on suit ne sont pas des cas référés. Un certain nombre d'entre eux ont été éventuellement référés mais la population suivie consiste en un groupe de 1000 garçons qui fréquentent des maternelles de

milieux socio-économiques défavorisés, ce qui rend particulier cet échantillon.

Notre intérêt au départ était de faire le lien entre l'agressivité chez des enfants de maternelle et la délinquance à l'adolescence. En fait, je ne m'intéressais pas particulièrement à l'hyperactivité, mais on s'est rapidement rendu compte que ces deux phénomènes se retrouvaient chez la majorité des sujets. D'ailleurs, l'instrument utilisé - basé sur les analyses factorielles - ne nous permettait pas de différencier les comportements d'hyperactivité et d'agressivité. Lorsqu'on faisait l'analyse factorielle, on obtenait un seul facteur à l'âge de 6 ans, et lorsqu'on a refait les mêmes analyses à l'âge de 10 et 12 ans, on a retrouvé un seul facteur, celui de «comportement disruptif» qui inclut l'opposition, l'agressivité et l'hyperactivité.

Nous avons tenté de différencier les garçons en référant aux items qui évaluent l'hyperactivité et à ceux qui évaluent l'agressivité physique. Effectivement, dans un certain nombre de cas d'hyperactivité, il n'y avait pas d'agressivité; il y avait également un certain nombre de cas d'agressivité où il n'y avait pas d'hyperactivité, mais la majorité des garçons de notre échantillon présentait les deux.

Sur le plan de la prédiction, - les garçons ont actuellement 14 ans - nos dernières analyses permettent de prédire la délinquance stable entre l'âge de 10 et 13 ans. Lorsqu'on utilise les informations obtenues à la maternelle en ce qui concerne l'inattention, l'hyperactivité et l'agressivité, on observe que l'agressivité est le meilleur prédicteur de délinquance stable. Si on n'utilise pas l'agressivité, c'est l'hyperactivité qui est le meilleur prédicteur.

Sur un plan théorique, j'ai tendance à penser que lorsqu'on utilise l'agressivité au pré-scolaire pour prédire la délinquance, on ne fait que mettre en lien un comportement qui est stable. Les comportements de délinquance au début de l'adolescence sont en somme des comportements d'agressivité; donc, l'agressivité à la maternelle est en lien très fort avec l'agressivité au moment de la puberté.

Par ailleurs, lorsqu'on utilise l'hyperactivité comme prédicteur, j'ai l'impression qu'on est dans un univers théoriquement différent; le fait que l'hyperactivité prédise bien l'agressivité laisse présumer que l'hyperactivité est probablement le précurseur des comportements agressifs observés à la maternelle. Si on se fie aux travaux de Bates, par exemple, et de Shaw, faits à Pittsburgh récemment, il semble bien qu'avant de manifester des comportements d'opposition et d'agressivité, les enfants manifestent des comportements qu'on peut au moins appeler d'activité plus intense; ce sont des enfants plus difficiles à contrôler par les parents, et l'agressivité est possiblement une conséquence de leurs difficultés d'interaction dès le jeune âge.

Le développement des troubles de conduite est souvent lié au fait que certains jeunes continuent d'être hyperactifs.

P.R.I.S.M.E.: Dr Klein, avez-vous aussi trouvé cette association entre déficit attentionnel et agressivité chez les enfants que vous avez suivis?

Rachel Klein: Vous me demandiez plus tôt quelles étaient nos idées au départ, des préjugés en somme, puisqu'on n'avait pas de données, mais à l'époque, je croyais fermement que l'agressivité et l'hyperactivité représentaient des comportements différents. Et justement, nous n'acceptions pas les enfants qui étaient surtout agressifs, nous ne prenions que les hyperactifs. D'ailleurs beaucoup n'ont pas été traités parce qu'il s'agissait d'un programme de recherche et aussi parce qu'ils étaient essentiellement agressifs.

En somme, nous voulions étudier les traitements destinés aux enfants hyperactifs mais non agressifs car, à l'époque, nous pensions que les troubles de conduite ne répondaient pas aux mêmes traitements et qu'il fallait les voir différemment. Nous sommes cependant arrivés au même point que le Dr Tremblay, i.e. à s'intéresser aux troubles de conduite et pas seulement à l'hyperactivité. On voit que c'est parmi les jeunes enfants, - et je ne dis pas que c'est la même chose parmi les adolescents qui ont un début de trouble de conduite beaucoup plus tard - surtout parmi les enfants hyperactifs qu'on trouve des troubles d'agressivité, de délinquance, etc. Il est extrêmement rare de voir un jeune enfant qui a un trouble de conduite sans avoir soit couramment des troubles d'hyperactivité ou qui n'en a pas eu auparavant.

Je ne sais pas si le Dr Tremblay a vu la même chose mais en ce moment, nous traitons des enfants référés pour des troubles de conduite et nous avons beaucoup de mal à en trouver qui n'ont pas aussi des troubles d'hyperactivité ou d'attention.

Richard E. Tremblay: C'est aussi notre expérience. En fait, il y a des enfants agressifs qui ne sont pas hyperactifs; ce sont généralement des garçons qu'on appelle «agressifs anxieux». Ils présentent plutôt du retrait dans les interactions sociales, mais ces enfants auront par contre des problèmes importants d'attention. Je pense donc qu'il faut différencier les problèmes d'attention des problèmes d'hyperactivité motrice.

D'une manière générale, les enfants physiquement agressifs de notre étude sont sur le plan moteur beaucoup plus actifs que la majorité des enfants et ils ont habituellement des problèmes d'attention. Cependant, un certain nombre de garçons qui semblent être des agressifs réactifs - qui réagissent par exemple au fait d'être ridiculisés - vont se battre souvent mais ils sont également très anxieux. Ces jeunes ne présentent pas de problèmes d'activité motrice intense mais ils ont par contre des problèmes importants d'attention.

P.R.I.S.M.E.: Dans vos travaux, vous accordez une grande importance au facteur biologique qui permet de différencier ces deux groupes; pourriez-vous élaborer sur ce point?

Richard E. Tremblay: Présentement, nous faisons l'analyse de la testostérone chez les enfants qui sont au début de la puberté. On a commencé à mesurer la testostérone à l'âge de 11 ans, et aux dernières analyses, les garçons avaient 13 ans. Plusieurs chercheurs ont montré le lien entre testostérone et agressivité à la fin de la puberté et à l'âge adulte; nous étions intéressés de voir si ce phénomène était observable au début de l'adolescence.

Nous avons finalement trouvé que les garçons qui présentaient des comportements d'agressivité physique stable entre l'âge de 6 ans et 12 ans avaient un niveau de testostérone plus élevé au début de la puberté lorsqu'on les compare à des enfants qui n'ont pas présenté de problèmes d'agressivité stable.

Ceci laisse entendre que le prédicteur de l'agressivité au cours de l'enfance serait un niveau de testostérone élevé. Comme la testostérone est un des organisateurs du système nerveux pendant la période foetale, on peut imaginer qu'un niveau élevé de testostérone pendant cette période organise le système nerveux de telle façon que le comportement de ces enfants dès le jeune âge serait plus actif. Le fait d'avoir un enfant - et l'on parle surtout de garçons - plutôt actif à la naissance qui se retrouve dans un environnement familial relativement désorganisé, ou tout au moins dans une relation où la mère ne peut, pour toutes sortes de raisons, composer avec ce niveau élevé d'activité chez son enfant, pourrait conduire à des conflits, de l'opposition et éventuellement, des comportements agressifs.

Pour le moment, - et je ne dis pas que c'est la seule façon d'arriver à un profil d'hyperactivité et d'agressivité - cette organisation neurologique à la naissance représente certainement une hypothèse plausible, et le niveau élevé de testostérone pourrait expliquer les observations faites actuellement avec les adolescents et les adultes.

P . R . I . S . M . E . : Parmi les garçons de votre cohorte qui sont agressifs, vous distinguez en fait deux groupes: un premier groupe plutôt réactifs anxieux, et un deuxième qui démontre une agressivité physique stable et une hyperactivité sur le plan moteur.

Richard E. Tremblay: Ces garçons sont agressifs de façon proactive, i.e. qu'ils attaquent pour satisfaire leurs besoins, plutôt que de réagir parce qu'ils ont été l'objet d'attaque.

P.R.I.S.M.E.: Le facteur de déficit attentionnel se retrouve-t-il plutôt chez les agressifs réactifs ou dans l'autre groupe?

> *On observe trois ans après l'intervention des différences très importantes entre les enfants traités et non traités.*

Richard E. Tremblay: Non, pas plutôt. Chez les agressifs proactifs hyperactifs, on retrouve beaucoup de problèmes d'attention, mais on les retrouve systématiquement chez les anxieux agressifs, alors que ces enfants n'ont pas nécessairement de problèmes d'hyperactivité.

P.R.I.S.M.E.: Dr Klein, comment réagissez-vous à cette distinction? Quand vous avez constaté l'association entre agressivité et hyperactivité, avez-vous pu observer cette différence entre les enfants agressifs réactionnels et d'autres qui seraient agressifs d'une manière plus proactive?

Rachel Klein: Oui, d'ailleurs, nous avions un nombre d'enfants agressifs réactionnels et c'est tout à fait par hasard que nous les avions évalués séparément. Nous avions évalué l'agressivité, qu'elle soit délibérée ou simplement en réaction à une attaque. L'agressivité réactionnelle ne prédit pas la délinquance alors que l'agression délibérée prédit en effet de façon significative la délinquance éventuelle.

Je crois cependant qu'il faut que nous raffinions ces notions autour de l'agressivité. Il y a des enfants frustrés ou encore incapables de comprendre ce qu'on leur dit et qui éclatent, tel que le Dr Tremblay le décrit, mais ce type de comportement ne semble pas conduire à d'autres troubles. J'ajouterais par contre que chez les enfants qui se montrent délibérément agressifs, on retrouve également de l'impulsivité et une agressivité réactive, mais il y a aussi des enfants qui n'utilisent que ce dernier type d'agressivité. En d'autres mots, les enfants agressifs ne sont que rarement du type «agressifs froids et calculés»; ils sont aussi impulsifs et réactifs mais ils peuvent agresser les autres dans le but de blesser, ce qui est tout autre chose que de réagir à un événement frustrant.

Richard E. Tremblay: Je pense également que le concept d'agressivité n'a pas été raffiné; la majorité des échelles d'agressivité utilisées dans les recherches sont un mélange de toutes sortes de choses incluant l'hyperactivité, et on ne sait pas vraiment de quoi on parle. C'est pourquoi nous avons utilisé le concept d'agressivité physique et différencié l'agressivité physique proactive où la personne attaque et l'agressivité réactive où l'individu réagit à un stimulus de l'environnement.

Rachel Klein: Il me semble que les enfants qui développent des troubles de conduite ont en commun avec les hyperactifs le maintien d'une impulsivité très importante. Ils n'arrivent probablement pas à contrôler leurs actions et leurs comportements. Il y a cependant autre chose dont on ne parle pas beaucoup et qui me frappe: c'est que ces enfants éprouvent du plaisir dans l'agressivité. Ce n'est pas simplement quelque chose qu'ils font parce qu'ils se sentent visés mais c'est une source de plaisir pour eux que de battre d'autres enfants, de gagner, de faire mal aux autres. Je ne sais pas si on peut rattacher ce comportement à l'impulsivité,

peut-être le Dr Tremblay a-t-il étudié la question, quant à moi, c'est simplement une observation clinique mais je suis frappée de voir, et même chez les très jeunes enfants, que l'agression semble une source importante de satisfaction.

Richard E. Tremblay: En ce qui concerne le plaisir dans l'agressivité, nous avons observé que les enfants agressifs de milieu défavorisé et les agressifs proactifs, de façon générale, valorisaient ce comportement, i.e. lorsqu'on leur demande d'évaluer eux-mêmes leur comportement, ils se reconnaissent comme étant agressifs et ils semblent en retirer une satisfaction. Probablement y a-t-il une satisfaction physiologique, mais certainement aussi le fait d'une valorisation procurée par l'environnement. Dans ces familles, je pense qu'on valorise et on a valorisé très tôt dans la vie le fait qu'un garçon soit agressif et réussisse à dominer ses copains, son environnement.

Nous avons fait une série d'études sur les interactions dans la famille et, dans plusieurs cas, on voit que le père a des comportements semblables, et que le garçon est valorisé lorsqu'il manifeste des comportements qui ressemblent à ceux du père, et particulièrement à l'égard de la mère. Lorsqu'on met ces garçons en situation où ils doivent résoudre une tâche, on observe une tendance chez eux - pas chez tous - à s'affilier au père. Il s'agit d'une affiliation autour des comportements de domination et l'on voit que le père n'intervient pas pour empêcher ces comportements chez son fils. Je pense qu'une observation plus poussée serait nécessaire pour comprendre ce qui se passe dans ces interactions familiales.

P.R.I.S.M.E.: Pour terminer ce chapitre complexe du lien entre hyperactivité et troubles de conduite, croyez-vous que l'évaluation de très jeunes enfants, et particulièrement de leurs schèmes de comportement et d'interaction avec leurs parents, serait une avenue intéressante de recherche?

Rachel Klein: En tant que recherche, oui, mais en tant que programme pratique, il est difficile de préciser ce qu'il faudrait faire, à part ce que le Dr Tremblay a souligné: le fait de la valorisation de l'agressivité chez l'enfant. Je crois qu'il faudrait commencer avec des enfants qui sont dans des situations «à haut risque». Il n'est pas très difficile d'identifier ces enfants, puisqu'ils nous arrivent souvent des mêmes familles. Le programme que vous proposez est certainement essentiel, i.e. voir très tôt quelles sont les caractéristiques qui favorisent cette évolution.

Richard E. Tremblay: Je suis tout à fait d'accord. Je pense qu'il faut commencer très tôt, faire ces études dès la grossesse des mères et auprès des couples qui, pour un ensemble de facteurs, présentent des risques. Nos connaissances actuelles nous permettent d'identifier assez bien les couples les plus

On ne peut plus parler d'agressivité chez les enfants sans penser à l'hyperactivité et vice versa, surtout chez les jeunes enfants.

à risque d'avoir des enfants qui vont présenter ces problèmes.

P.R.I.S.M.E.: Nous voudrions parler des alternatives de soins et connaître votre position, Dr Klein, quant aux mesures à mettre en place lorsqu'on repère des enfants très agressifs, avec ce terme de proactivité apporté par le Dr Tremblay. Que suggéreriez-vous pour éviter l'issue d'une association entre hyperactivité et grande agressivité?

Rachel Klein: Si ce sont déjà des enfants hyperactifs, il est essentiel de traiter l'hyperactivité. Nous avons des traitements qui, malheureusement, ne sont pas toujours très efficaces à long terme, mais il faut au moins tenter d'améliorer l'impulsivité, l'inattention, etc. Je ne sais pas si cela seul suffirait, j'en doute fort, mais si on suivait les enfants de très près et au-delà de l'âge où ils courent le risque de développer des troubles de conduite, peut-être arriverait-on à diminuer les risques. Il faut aussi sans doute travailler avec les familles.

Je dois souligner que les enfants avec qui nous travaillons ne viennent pas de familles défavorisées ou qui ont de gros problèmes. La plupart vivent dans des milieux moyens, des familles intactes, et on ne peut pas dire que, pour ces enfants, il soit très évident qu'il y ait un travail à faire avec la famille. Il faudrait vraiment suivre les enfants individuellement et voir dans chaque famille si les méthodes de discipline sont favorables pour éviter les troubles de conduite. Mais tout d'abord, si les enfants sont hyperactifs, il faut traiter l'hyperactivité, on ne peut pas l'ignorer.

P.R.I.S.M.E.: Avez-vous observé chez les enfants que vous avez pris en charge une différence dans leur évolution, selon qu'ils ont été traités d'une manière ou d'une autre?

Rachel Klein: Non malheureusement, parce que nous n'avions pas de traitements différents. Ce que nous faisions était en somme clinique: les enfants traités plus longtemps étaient ceux qui avaient le plus de troubles. Ca ne veut donc pas dire que ceux que nous avons traités plus longtemps vont mieux que ceux qui n'ont pas été traités, le traitement ayant été donné en fonction des troubles qu'ils présentaient.

P.R.I.S.M.E.: Et vous, Dr Tremblay, voyez-vous des différences dans l'évolution des enfants que vous avez suivis?

Richard E. Tremblay: Dans le cadre de notre recherche, nous avons fait une intervention expérimentale auprès d'un sous-groupe de garçons qui présentaient des problèmes d'agressivité et d'hyperactivité à la maternelle. Nous avons distribué les enfants au hasard dans des groupes contrôles; un groupe bénéficiait d'une intervention qualifiée de préventive qui consistait en un entraînement aux habiletés parentales pour la mère et le père, et un entraînement aux habiletés sociales pour les garçons.

L'intervention très intensive a duré deux ans. Les familles étaient rencontrées environ une fois par mois et les enfants étaient vus à l'école toutes les deux semaines. On observe trois ans après la fin de l'intervention des différences très importantes entre les groupes traités et non traités. Les garçons qui ont bénéficié de l'intervention présentent beaucoup moins de problèmes d'agressivité et ils ont un meilleur rendement scolaire; ils présentent moins de comportements de délinquance et montrent déjà à 12 ans moins d'abus d'alcool.

Par ailleurs, ces enfants n'ont pas été traités pour leur hyperactivité; il s'agissait pour nous au départ de cette recherche d'enfants agressifs qui avaient besoin d'interventions pour les amener à être plus socialisés en termes d'interaction dans leur milieu familial et avec leurs amis. Je peux imaginer que si on avait aussi travaillé sur les problèmes d'attention, l'intervention aurait été encore plus efficace, et je pense que si on commence encore plus tôt, en faisant du dépistage dès la pré-maternelle et en intervenant au niveau des comportements d'attention, on pourrait favoriser le rendement scolaire qui est un facteur important de l'insertion de ces enfants dans leur groupe de pairs.

Notre étude a aussi montré que les problèmes d'attention identifiés à la maternelle par les enseignants étaient le meilleur prédicteur d'échec scolaire; dans notre échantillon, 42% des garçons sont en échec scolaire à la fin du primaire.

Rachel Klein: C'est très impressionnant. Je crois que c'est la seule étude qui indique que des efforts préventifs puissent avoir effectivement une influence sur le devenir de ces enfants.

De notre côté, nous sommes justement en train de débuter un programme préventif qui s'adresse à des enfants de 2 ans dont le frère a des troubles de conduite. Il s'agit de travailler avec les enfants et les parents chez eux et dans des groupes que nous formerons pour voir si nous pouvons éventuellement prévenir le développement de l'agressivité ou de d'autres problèmes. Ces jeunes enfants ne sont pas nécessairement agressifs; croyez-vous, Dr Tremblay, qu'ils courent le risque de le devenir?

Richard E. Tremblay: Ils doivent sûrement être à risque et je pense que 2 ans, ce n'est pas trop tôt pour intervenir. J'ai l'impression que si on commence à cet âge, en donnant du support aux parents et en favorisant les interactions avec des amis de leur âge, on devrait permettre à ces enfants d'avoir une meilleure adaptation sociale.

Rachel Klein: Je veux simplement conclure en disant que je crois qu'on ne peut plus parler d'agressivité chez les enfants sans penser à l'hyperactivité, surtout chez les jeunes enfants. Je crois qu'il y a 10 ou même 5 ans, si nous avions tenu cette conversation, nous n'aurions pas pensé de la même façon. Nous avons vraiment évolué au point où nous voyons maintenant ces deux troubles de façon réciproque et qu'il est difficile de les séparer dans le cas de ces enfants.

P.R.I.S.M.E.: Nous vous remercions et vous souhaitons bonne chance dans vos recherches.❖

Two senior researchers give an overlook of their framework and its evolution. The ongoing process to validate assessment and interventions in a comorbid perspective is presented. Also they discuss recent findings about associate variables in ADHD such as family involvement, biological links and agressivity. Those points are discussed in an open and vivid manner through interview.

Publications de Rachel Gittelman Klein:

Mannuzza S, Klein RG, Konig PH, Giampino TL. Hyperactive boys almost grown-up: IV. Criminality and its relationship to psychiatric status. Archives of General Psychiatry 1989;46:1073-1079.

Shaffer D, Campbell M, Cantwell D, Bradley S, Carlson G, Cohen D, Denckla M, Frances A, Garfinkel B, Klein R, Pincus H, Volkmar F, Widiger T. Child & Adolescent psychiatric disorders in DSM IV: Issues facing the child psychiatry work group. Journal of the American Academy of Child and Adolescent Psychiatry 1989;28:830-835.

Kanner AM, Klein RG, Rubinstein B, Mascia A. The use of imipramine in children with intractable asthma and psychiatric disorders: A warning. Psychotherapy and Psychosomatics 1990;51:203-209.

Klein RG, Burrows GD. Anxiety Disorders. In BJ Tonge, G.D. Burrows & J.Werry, eds. Handbook of studies on Child Psychiatry. Amsterdam, Elsevier Science Publishers, 1990;173-192.

Klein RG. Treatment of childhood and adolescent anxiety. In N Sartorius, ed. Anxiety: Psychobiological and Clinical Perspectives. Washington, D.C., Hemisphere Publishing Corp. 1990;257-267.

Mannuzza S, Klein RG, Konig PH, Giampino TL. Childhood predictors of psychiatric status in the young adulthood of hyperactive boys: A study controlling for chance associations. In L. Robins & M. Rutter eds. Straight and Devious pathways from Childhood to Adulthood. New York, Cambridge University Press, 1990;279-299.

Klein RG & Rapoport JL. Les troubles obsessionnels-compulsifs chez l'adolescent. L'encéphale 1990;16:317-320.

Barkley RA, Conners CK, Barclay A, Gadow K, Gittelman R, Sprague R, Swanson J. Task force report: The appropriate role of clinical child psychologists in the prescribing of psychoactive medication for children. Journal of Clinical Child Psychology 1990;19(suppl): 1-38.

Mannuzza S, Klein RG, Bonagura N, Malloy P, Giampino TL & Addalli KA. Hyperactive boys almost grown up: V. Replication of psychiatric status. Archives of General Psychiatry 1991;48:77-83.

Klein RG. Thioridazine effects on the cognitive performance of hyperactive children. Journal of Child and Adolescent Psychopharmacology 1991;1:1-8.

Klein RG. Parent-child agreement in clinical assessment of anxiet and other psychophatology: A review. Journal of Anxiety Disorders 1991;5:187-198.

Klein RG & Mannuzza S. Long-term outcome of hyperactive children: A Review. Journal of the American Academy of Child and Adolescent Psychiatry 1991;30:383-387.

Mannuzza S, Klein RG & Addalli KA. Young Adult mental STatus of hyperactive boys and their brothers: A prospective follow-up study. Journal of the American Academy of Child and Adolescent Psychiatry 1991;30:743-751.

Klein RG. Effects of high methylphenidate doses on the cognitive porformance of hyperactive children. Bratislavské Lekarske Listy 1991;92:534-539.

Klein RG, Koplewicz HS & Kanner A. Imipramine Treatment of children with separation anxiety disorder. Journal of the American Academy of Child and Adolescent Psychiatry 1992;31:21-28.

Kutcher SP, Reiter S, Gardner DM & Klein RG. The pharmacotherapy of anxiety disorders in children and adolescents. Psychiatric Clinics of North America 1992;15:41-67.

Publications de Richard E. Tremblay:

McCord J. & Tremblay RE. Preventing Deviant behavior from birth to adolescence: Experimental Approaches. New York, Guilford Press, 1992; 193-230.

Pulkkinen L., Tremblay RE. (sous presse) Patterns of boy's social adjustment in two cultures and at different ages: A longitudinal perspective. International Journal of Behavioral Development.

Soussignan R.,Tremblay RE., Schaal B., Laurent D., Larivée S., Leblanc M., Gagnon C., Charlebois P. Behavioral and cognitive characteristics of conduct disturbed-hyperactive boys from age 6 to 11: A multiple informant perspective. Journal of Child Psyhology and Psychiatry. (sous presse).

Soussignan R., Tremblay RE. Hyperactivity and other disorders of conduct. S. Sandberg, ed., Hyperactivity Disorders. Cambridge University Press. Sous presse.

Tremblay RE, Vitaro F, Bertrand L, Leblanc M, Beauchesne H, Boileau H, & David L. Parent training and social skills traianing to prevent early onset of delinquency. In J. McCord & R.E. Tremblay, eds. Preventing deviant behavior from birth to adolescence: Experimental approaches. New York, Guilford Press 1992.

Tremblay RE, Vitaro F, Gagnon C, Piché C, & Royer N. A prosocial scale for the preschool behavior questionnaire. Concurrent and predictive correlates. International Journal of Behavioral Development. 1992;15:227-245.

Tremblay RE. The prediction of delinquent behavior from childhood behavior: Personality theory revisited. In: J. McCord, ed. Facts, frameworks and forecasts, vol.3, in Advances in Criminological theory, New Brunswick, N.J., Transactions, 1992; 192-230.

Tremblay RE. Les enfants agressifs: Perspectives développementale et interculturelle. Montréal, Agence d'Arc, 1991;210p.

Tremblay RE, Loeber R., Gagnon C.,Charlebois P., Larivée S., Leblanc M. Disruptive Boys with stable and unstable high fighting behavior patterns during junior elementary school. Journal of Abnormal Child Psychology. 1991;3:285-300.

Tremblay RE, McCord J., Boileau H., Charlebois P., Gagnon C., Leblanc M. & Larivée S. Can disruptive boys be helped to become competent? Psychiatry, 1991;54:148-161.

Tremblay RE, Desmarais-Gervais L., Charlebois P., & Gagnon C. Factor structure of the preschool behavior questionnaire: stability between sexes, ages, socioeconomic classes and cultures. International Journal of Behavioral Development, 1987;10:467-484.

Tremblay RE, Masse B., Perron D., Leblanc M., Schwartzman AE., Ledingham JE. Early disruptive behavior, poor school achievement, delinquant behavior and delinquant personality: a longitudinal analysis. Journal of Consulting and Clinical Psychology. 1992;60:64-72.

Un dans la bergerie

ART ET HYPERACTIVITÉ
UNE PERSPECTIVE TRÈS... VISUELLE

La création artistique apparaît comme une expression de la vie d'une société et Warren Sanderson est particulièrement sensible aux images qu'en donnent certains artistes contemporains. A la lecture de l'article, on le sent partagé entre son amour de l'art et sa difficulté d'accepter une activité créatrice qui semble avoir perdu ses idéaux et ses repères. Néanmoins, ces lignes témoignent de son effort pour comprendre comment le malaise de vivre exprimé dans ces oeuvres est en partie le produit de l'histoire d'une société.

Ce travail d'élaboration et de compréhension d'un historien de l'art vis à vis des artistes qui le dérangent nous a paru comparable au travail d'élaboration du psychologue ou du psychiatre devant des enfants dont le comportement déçoit les attentes des parents et des enseignants. C'est dans cette perspective que certaines réflexions de l'auteur pourraient s'appliquer à notre démarche et nous aider à situer l'enfant hyperactif dans un contexte plus large que celui de sa famille ou de sa classe.

Warren SANDERSON

Warren Sanderson a obtenu un doctorat en histoire de l'art à l'Université de l'Etat de New York et il poursuit une carrière d'enseignant et de chercheur à l'Université Concordia de Montréal. Il a également enseigné aux Etats-Unis, en Italie et en Allemagne comme titulaire et professeur invité. Ses champs d'intérêt actuels concernent les significations dans l'art visuel contemporain et l'iconographie dans l'art et l'architecture médiévale. Il est également l'auteur de plusieurs livres; il publiera en 1993 «l'Art et le Patronage à Trèves, à l'époque carolingienne».

Tout le monde reconnaît que l'artiste utilise ses perceptions pour développer son expression qui est en partie le produit des relations entre son art et les conditions sociales et politiques de son époque. Certains courants de l'art contemporain semblent inexorablement conduire à des manifestations hyperactives et ce sont elles qui nous intéressent ici. Pour illustrer ce phénomène, je commenterai brièvement l'oeuvre de trois artistes importants des années 80 et 90, Keith Haring, A.R. Penck, Georg Jiri Dokoupil, puis j'indiquerai leurs affiliations avec des courants artistiques majeurs de ce siècle.

L'expression hyperactive

Haring: «Une énergie immédiatement libre et échangeable mais qui limite volontairement à la seule capacité d'agir.»

Penck: «Le personnage pourra sembler parfois en lutte, mais son existence se confond finalement avec celle de son milieu.»

Selon les «normes» en vigueur, Keith Haring et A.R. Penck ont apporté une contribution importante à l'élaboration d'un art hyperactif qui a acquis une large reconnaissance en cette fin de siècle. Unique par son courage à créer en dehors des sentiers battus, Haring était jusqu'à sa mort récente à l'avant-garde dans la réinvention d'une «figure héroïque active» donnant à première vue l'impression d'une simplicité trompeuse. Pour augmenter la force de son message, Haring retire ses héros énergétiques de leurs contextes traditionnels fortement explicites pour les placer le plus souvent sur des fonds décoratifs dynamiques et fragmentés. Typiquement, comme Haring le disait lui-même, ses personnages sont empreints d'une énergie immédiatement libre et échangeable, mais que l'artiste limite volontairement à la seule capacité d'agir qu'il soulignera aussi parfois par une aura de lignes codifiant l'énergie qui en émane. Les images de Haring affichées dans le métro de New-York lui ont gagné l'admiration de la plupart des critiques d'art de même que des peintres anonymes de graffiti qui s'en sont inspirés tout au long des années 70.

Les personnages filiformes, souvent isolés dans les premières oeuvres de Penck, occupent le centre dans ses oeuvres de maturité, même s'ils restent toujours aussi étroitement liés à une multitude d'autres figures. Les différences substantielles entre les portraits hyperactifs de l'homme, tels que rendus par ces deux artistes, nous apparaissent devoir être comprises comme une allégorie représentant des systèmes de valeur engendrés par des expériences sociales et institutionnelles très différentes. La carrière de Penck débute en Allemagne de l'Est qu'il quitte 10 ans avant son rattachement à l'Ouest mais, curieusement, son style n'a pas été influencé par cet exode. La plupart de ses compositions démontrent la persistance de l'influence de son ancienne patrie à travers la production de personnages réduits à une expression filiforme qui apparaissent liés inextricablement et sans distance au contexte social de l'Allemagne de l'Est.

Le processus hyperactif

Dokoupil: «Délibérément, la discontinuité est adoptée comme règle de travail... dans un présent dont le principe fondamental est «la réponse immédiate.»

Georg Jiri Dokoupil appartient à un petit groupe d'artistes qui, malgré leur maturité expressive, changent de

© A.R. Penk, 1992, Sérigraphie 30"X22" courtoisie de Ralph L. Odes, Highland Park, Ill. U.S.A.

est «la réponse immédiate». Les stratagèmes du «Postmodernisme», démasqués dans l'expression artistique de Dokoupil, relèguent art du passé et histoire autant qu'une pensée contemporaine différente dans la perspective limitée d'un quotidien sans relief. Dokoupil se place à l'extrémité d'une longue tradition d'artistes qui, tout au long du 20e siècle, ont affirmé la prééminence de l'art comme processus plutôt que comme produit.

Déconstruction et apparente reconstruction

«Nous avons appris à accepter sans question «la nouveauté», ce qui a pour conséquence un éclatement des valeurs et surtout la disparition des modèles positifs de notre passé.»

Au début du siècle et dans les années 30, la démarche artistique était souvent confondue avec la méthode scientifique (cubisme, orphisme, Bauhaus). Aujourd'hui et au moins depuis les années 60, au lieu de s'adonner à une expérimentation artistique personnelle, de nombreux artistes destinent souvent leurs oeuvres à des usages non artistiques avec l'objectif d'opérer des changements sociaux et politiques radicaux. Leurs successeurs les ont aisément imités, quoique à un niveau de qualité inférieur, inévitable de la part de copistes. Pour ces artistes, l'art est un outil qui doit servir à démanteler les principes sous-jacents à la civilisation occidentale.

L'art comme processus a débuté dans la pure tradition d'un mouvement Dada délibérément anarchiste dès le début du siècle sous l'impulsion de Tristan Tzara qui, ironie de l'histoire, demeurait à moins d'un bloc de l'appartement de Lénine à Zurich. Le Dadaïsme, terme à dessein sans signification, a rapidement

style dans leurs oeuvres successives à la vitesse du caméléon, de telle sorte qu'on peut les qualifier d'hyperactifs. La fréquence d'inventions novatrices qui intéressent thèmes, styles ou techniques, et qui sont mises de côté dès que montrées, est remarquable. Aucune oeuvre de Dokoupil ne peut être considérée comme typique, car il adopte consciemment et délibérément la discontinuité comme règle de travail alors qu'il rejette tout lien, tant avec le passé qu'avec des oeuvres de son époque.

Pour lui, tant littéralement que visuellement, le philosophe reste isolé dans la noirceur de son ignorance. En effet, si l'on observe son oeuvre Philosophe I et II de 1981, maintenant au Musée Boymans-van-Beuningen de Rotterdam, le personnage du Philosophe est localisé dans la moitié plus sombre ignorant la partie de droite, plus brillante, qui s'embrase de l'activité qui l'anime. Reconnaissables et fragmentés, thèmes et détails sont tirés du passé artistique et sont assimilés dans ses oeuvres comme des parties de messages visuels. Il repositionne continuité et tradition dans un présent dont la doctrine fondamentale

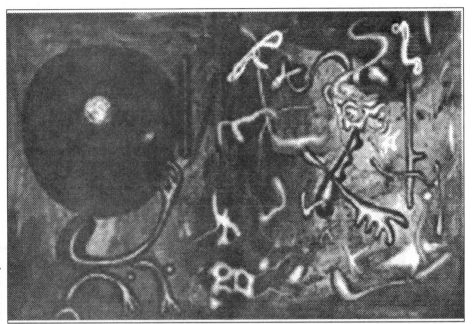

pénétré le coeur créatif des centres artistiques européens appuyant un objectif social: bâtir un monde nouveau et meilleur. Il était remis au goût du jour dans les années 60 lorsque le «Pop art», figure iconique du mercantilisme et de l'homme ordinaire, donnait le ton.

Dans les années 70 et 80, les artistes du groupe italien Transavantgarde (Sandro Chia, Mimo Paladino, Enzo Cucchi) opérèrent un tournant vers un art figuratif, souvent naturaliste, dont figures et narrations s'exprimaient dans un style héroïque et épique. Bien sûr, des légions de nouveaux convertis en Europe et aux Etats-Unis suivaient le même chemin. Les écrits et les peintures de la Transavantgarde, dans les années 70 et 80, privilégiaient l'utilisation du passé selon les mêmes modalités que Dokoupil, i.e. comme un vernis sous lequel se concocte une mutation permanente.

Cette promesse apparente d'une réconciliation du passé et du présent était cependant illusoire. Projets politique et artistique étaient devenus si fusionnés que même un mouvement aussi extrémiste que le «non art post punk» fut acclamé passionnément, malgré son nihilisme, pour ses soi-disant fondements politiques et anti-esthétiques. Un certain art contemporain a ainsi perdu son indépendance comme de nombreux individus du même âge qui ne peuvent que regretter leurs certitudes sociales perdues.

Dokoupil, Haring et vraisemblablement Penck expriment dans leur art une alternance chaotique et permanente du changement, aussi bien dans le produit que dans le processus de production. Cette perte de racines a été largement acceptée et, en retour, cette acceptation constitue le symptôme d'une profonde instabilité des sociétés se préparant à des changements profonds encore à venir. Cet effet multiplicateur entretient un sentiment d'insécurité et de non familiarité qui gagne la société tout entière, en proie à des revers économiques à l'Ouest et à une instabilité politique croissante à l'Est.

Le développement de telles idées est plus lourd de conséquences que les arts eux-mêmes, bien qu'on puisse en suivre avec pertinence l'émergence dans l'art. On est ainsi passé d'une société plutôt monolithique au plan des valeurs à une variété innombrable de leaders d'opinion, avec les effets que l'on sait dans le champ artistique mais aussi dans les comportements politique, social et individuel. On peut ainsi mieux comprendre la portée d'une part, des mouvements Dada du début du siècle ou néoDada des années soixante qui répandent des germes d'incertitude dans toute la société occidentale, contribuant ainsi à créer un environnement dans lequel l'idée positive du héros individuel perd son sens, et d'autre part, d'un courant postmoderne dans le monde artistique. De tels courants ne sont pas seuls à avoir alimenté le climat d'instabilité qui favorise une hyperactivité en accroissement constant. Ainsi, les incertitudes demeurent renforcées par le néoDadaïsme et de nombreux événements récents, malgré le développement foudroyant du nouvel art figuratif qui se veut accompagner une image plus rassurante des années 90.

Avec l'éclipse du héros, les manifestations de la critique, tel l'outrage public généralisé, les revues d'une dérision mordante, les coteries agressivement destructrices, n'ont plus de sens. Même si les artistes d'aujourd'hui continuent à travailler aussi sérieusement qu'auparavant, ils ne peuvent plus éprouver l'excitation d'appartenir à une avant-garde qui renouvellerait les concepts et rénoverait les arts visuels. C'est la signification même de l'outrage qui existait dans les temps héroïques du passé artistique qui s'est édulcorée,

perdue. Comme société, nous avons appris à refouler et sublimer de telles provocations. Nous avons été conditionnés à accepter sans critique un art hautement innovateur, malgré des qualités souvent volontairement dérangeantes.

Nous avons appris de longue date à accepter sans question «la nouveauté», aujourd'hui plus destructrice que jamais, ce qui a pour conséquence une marginalisation toujours plus grande de l'héroïsme et un fractionnement de nos concepts historiques en particules discrètes d'information. Ce fractionnement et cette marginalisation contribuent dès lors à l'affaissement et à l'excision de notre conscience collective et peut-être individuelle des modèles d'imitation positifs et pleins de sens qui peuplaient notre passé proche et lointain.

Depuis les germes semés par les doctrines dadaïstes encourageant un comportement individuel anarchique jusqu'au fleurissement actuel du postmodernisme, des artistes ont participé à un accroissement continu des doutes et des tensions qui rongent les racines de la société. Avec les récents programmes sociaux et politiques de la Transavant-garde et de l'art postmoderne qui affectent de plus en plus un large spectre des leaders d'opinion de notre société, les tensions entre nos repères de stabilité et une instabilité sans limite s'insinuent graduellement dans nos vies quotidiennes. L'anxiété ainsi produite semble apporter une médiation culturelle parfaite à ceux qu'une tendance porte à l'hyperactivité. Les comportements artistiques, sociaux et individuels sont étroitement liés. Nous avons vu ici qu'une corrélation semble apparaître entre l'art contemporain, ses racines sociales et politiques apparentes tout au long du 20e siècle, et le niveau actuel de l'hyperactivité personnelle. ❖

Nous tenons à remercier pour leur collaboration:
Madame Julia Gruenx, exécutrice de la fondation Keith Haring à New-York; monsieur Ralph L. Odes, collectionneur à Chicago; monsieur Marco Zanini, architecte designer à Milan.

HYPERACTIVITÉ:

ÉVALUATION ET TRAITEMENT EN CLINIQUE

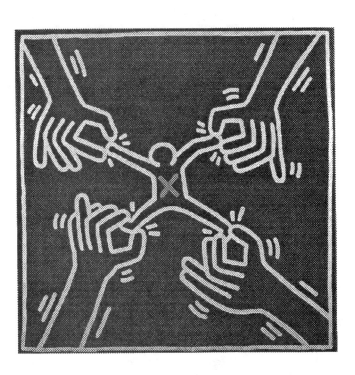

LE TRAITEMENT MULTIMODAL DE L'HYPERACTIVITÉ:

présentation d'un protocole de recherche évaluative

Lily HECHTMAN

L'auteure est psychiatre à l'Hôpital de Montréal pour les enfants, professeure agrégée et directrice de recherche à la Division de Pédopsychiatrie de l'Université McGill.

Malgré une intelligence normale, les enfants hyperactifs ont souvent un rendement scolaire médiocre. L'activité inappropriée, souvent même disruptive, la capacité d'attention très faible, le style cognitif impulsif de ces enfants, leur mauvaise organisation et leur intolérance à la frustration contribuent non seulement à des difficultés au plan académique mais entraînent des problèmes interpersonnels significatifs avec leur famille, leurs pairs et les enseignants. Il n'est donc pas surprenant de retrouver une pauvre estime de soi chez ces enfants.

Les premières études effectuées sur la pratique clinique auprès d'enfants souffrant de troubles de déficit de l'attention avec hyperactivité ont montré que, malgré les nombreux problèmes et la nécessité d'interventions variées dans ces cas, la plupart de ces enfants ne recevaient comme traitement que des psychostimulants. Des recherches contrôlées ont par ailleurs établi que les stimulants diminuaient le niveau d'activité et l'inattention (pour une revue de littérature, voir Gittelman, 1980) et modifiaient aussi positivement les capacités d'apprentissage, la mémoire à court terme (Stephens et al, 1984) et le comportement en classe de ces enfants (Rapport et al 1985, Pelham et al, 1985).

Tous ces effets, s'ils sont positifs à court terme, ne semblent cependant pas avoir pour

La littérature sur le sujet met en évidence le fait que la plupart des enfants hyperactifs ont de multiples problèmes aussi bien d'ordre académique qu'émotionnel ou social. Si la majorité de ces enfants ne reçoivent que des psychostimulants avec pour résultat des gains significatifs à court terme, les études de suivis ont montré que la plupart d'entre eux n'en continuent pas moins d'avoir des problèmes à divers niveaux qui se poursuivent durant l'adolescence et jusqu'à l'âge adulte.

Après avoir passé en revue les recherches consacrées au cours des dernières années à la pratique clinique dans ce domaine, l'auteure présente le protocole d'une recherche évaluative qui tentera de démontrer l'efficacité du traitement multimodal par rapport à d'autres approches. Les critères retenus et les objectifs des interventions proposées sont particulièrement développés.

résultat un gain significatif dans les acquisitions académiques (Gadow et Swanson, 1985). De plus, les études de suivis à plus long terme d'enfants traités par les stimulants montrent que tous continuent d'avoir des problèmes scolaires, sociaux et émotionnels tout au long de l'enfance (Riddle et Rapoport, 1976) de l'adolescence (Weiss et al, 1975; Charles et Schain, 1991; Satterfield et al, 1987) et pour plusieurs d'entre eux, jusque dans l'âge adulte (Hechtman et al, 1984; Gittelman et al, 1985).

La prise de conscience que la médication seule ne répondait pas adéquatement aux multiples déficits de ces enfants a donc conduit à chercher d'autres interventions offertes séparément ou en association avec la médication. Parmi celles-ci, on retrouve les traitements comportementaux, les thérapies cognitives, l'entraînement aux habiletés sociales, l'intervention en milieu scolaire et l'entraînement des parents.

Synthèse des recherches sur les modalités de traitement

**Traitements comportementaux** La plupart des études contrôlées comparant la médication, les thérapies comportementales ou leur combinaison (Pelham et Murphy, 1986) rapportent que c'est l'association des deux qui produit les meilleurs résultats. L'enthousiasme initial pour les thérapies comportementales utilisées seules a rapidement diminué à partir du moment où on a montré qu'elles étaient moins efficaces que les psychostimulants seuls et que leurs bénéfices ne pouvaient être généralisés; elles ne parvenaient pas non plus à favoriser le développement de stratégies auto-régulatrices.

Thérapies cognitives De nombreux auteurs ont fait la revue des thérapies cognitives utilisées dans le TDAH (Abikoff, 1985, 1987). L'adjonction d'une thérapie cognitive à la médication n'a cependant pas produit d'amélioration significative du fonctionnement cognitif, de la performance ou du comportement à l'école de ces enfants. Plusieurs explications ont été avancées pour rendre compte de cette absence de résultats positifs: le plafonnement à court terme des effets de la médication, la brièveté des thérapies administrées, la non utilisation de situations scolaires et l'absence de techniques de généralisations des acquisitions.

Entraînement aux habiletés sociales Les interactions sociales caractéristiques des enfants TDAH sont fréquemment marquées par le manque de coopération, l'agressivité, et des comportements dérangeants et dominateurs. Bien que ces tendances se modifient et diminuent avec le temps (Cunningham et Siegel, 1987), les études de suivis montrent que les difficultés sociales éprouvées par ces sujets persistent malgré tout. L'efficacité des interventions cliniques sur ces problèmes n'est pas établie, mais les études ont été peu nombreuses. Les traitements par psychostimulants sont par ailleurs associés à des changements dans les comportements sociaux mais l'amplitude de leurs effets semble limitée.

Les thérapies cognitives appliquées à des situations de résolution de problèmes interpersonnels (ICPS) se sont également révélées très inefficaces pour faciliter les compétences interpersonnelles, aussi bien chez les enfants traités que ceux ne recevant pas de médication. Malgré quelques premières études positives (Spivak et Shure, 1974), les travaux ultérieurs n'ont pas confirmé d'amélioration dans les comportements sociaux avec les thérapies cognitives basées sur la résolution de problèmes interpersonnels (pour une revue de littérature voir Abikoff, 1985, 1987; Gresham, 1985). On sait que ces thérapies tentent de produire des changements en modifiant les construits cognitifs inadaptés et non conscients qui, par hypothèse, organisent les comportements problématiques. Cependant, il n'y a que très peu d'indications que ces apprentissages puissent être suffisamment généralisés pour arriver à modifier tout le comportement social. On a aussi souligné que l'entraînement aux habiletés sociales seul ne peut contrebalancer les difficultés sociales de ces enfants et que le meilleur espoir reposait dans la combinaison de ce type d'entraînement et de l'action pharmacologique. (Pelham et Bender, 1982; Pelham et Milich, 1984)

Guidance parentale De nombreuses études dans ce domaine ont montré que les mères des enfants hyperactifs étaient plus directives et se montraient davantage négatives et désapprobatrices que les mères d'enfants normaux. Les interactions entre mère et enfant deviennent cependant plus positives quand l'enfant est sous psychostimulant (Humphries et al, 1978; Barkley et Cunningham, 1980), mais la nécessité de modeler des comportements parentaux efficaces subsiste.

Peu d'études ont cependant été conduites sur le sujet. Firestone et al (1981) n'ont trouvé aucun bénéfice significatif à l'addition d'un programme d'entraînement aux compétences parentales à la prescription de médicaments. Cependant, l'entraînement était limité dans le temps (9 sessions) et aucun programme clair n'avait été mis en place et contrôlé. Barkley (1981) a décrit pour sa part un programme très détaillé destiné à des parents d'enfants hyperactifs qui produit des bénéfices cliniques pour les parents et leurs enfants.

Intervention en milieu scolaire et tutorat

Les difficultés scolaires des enfants hyperactifs ont été bien documentées (Cantwell etSatterfield, 1978; Minde et al, 1971). Le traitement par psychostimulants n'élimine pas les handicaps scolaires. Une étude placebo contrôlée a tenté de comparer les effets du tutorat et de l'amphétamine, ces deux traitements étant administrés selon diverses combinaisons (Conrad et al, 1971) mais le fait que de nombreux enfants aient mal suivi les consignes a rendu les résultats de cette étude ininterprétables.

L'utilité du tutorat a été démontrée dans le cas d'enfants non hyperactifs éprouvant des difficultés de lecture (Gittelman et al, 1983). Les stimulants ajoutent peu aux performances en lecture mais améliorent sensiblement celles en mathématiques. Ces études suggèrent que les hyperactifs qui sont souvent très en retard sur le plan académique et qui par moments éprouvent également des difficultés spécifiques d'apprentissage pourraient bénéficier d'un tutorat.

Traitement multimodal

Les recherches cliniques de Satterfield et ses coll. (1981, 1987) suggèrent que ce sont les interventions multiples qui ont le plus d'effets à court et à long terme. Dans leur étude de 81, tous les enfants (117) recevaient un traitement par psychostimulants; de plus, 41% bénéficiaient d'une psychothérapie individuelle, 30% d'une thérapie de groupe et 41% d'une thérapie éducative. Par ailleurs, 57% des parents suivaient une guidance individuelle, 30% une guidance de groupe et 48% une thérapie familiale. Les enfants et les familles recevaient ces traitements en combinaison et en nombre variable.

Lorsqu'ils comparent leurs résultats à ceux d'autres études, les chercheurs concluent que l'évolution de leurs sujets traités par une combinaison d'approches a été particulièrement favorable. Cette opinion s'est trouvé supportée par l'étude faite en 1987 par la même équipe de chercheurs qui comparait cette fois les dossiers judiciaires et institutionnels de deux groupes d'hyperactifs dont l'un était sous médication seulement et l'autre recevait un traitement multimodal. On retrouvait dans le groupe sous médication significativement plus de condamnations et de placements en institutions que dans celui traité par une approche multimodale.

Cependant, même si ces résultats suggèrent la supériorité du traitement multimodal, ils ne viennent pas d'études systématiques, i.e. que le traitement n'était pas randomisé ni contrôlé. Il y a donc nécessité d'études bien contrôlées pour valider cette approche qui ne représente encore, à ce stade, qu'une ouverture. Comme nous l'avons dit, les enfants hyperactifs souffrent d'un ensemble de problèmes aussi bien sociaux, émotionnels que scolaires, et aucun traitement unique n'a vraiment eu d'impact thérapeutique suffisamment large pour y remédier. Même s'il existe peu d'études qui aient utilisé des traitements concurrents sur de longues périodes de temps, l'approche multimodale semble cependant la meilleure.

Protocole de recherche en cours

Nous décrirons maintenant les critères retenus et les interventions utilisées dans la recherche que nous avons entreprise auprès d'une population d'enfants hyperactifs. L'étude étant en cours et le nombre de sujets encore trop limité pour que l'on puisse présenter des résultats significatifs, nous ne présenterons pas ici les résultats mais plutôt les modalités mises en place et qui visent à tester l'efficacité de l'approche multimodale par rapport à d'autres traitements.

Sur la base des déficits mis en évidence chez les enfants hyperactifs et à partir du travail clinique de Satterfield, les interventions suivantes ont été incluses dans notre traitement multimodal: entraînement aux habiletés sociales, entraînement aux habiletés scolaires, tutorat, entraînement parental, guidance et psychothérapie individuelle. Afin de tester cette approche en regard d'autres traitements concurrents, les enfants de notre étude se trouvaient assignés au hasard dans trois groupes constitués comme suit:

Groupe A: traitement multimodal
Groupe B: traitement intensif du contrôle attentionnel
Groupe C: traitement conventionnel

Critères d'inclusion et d'exclusion D'une manière générale, se trouvent inclus dans ces groupes des enfants âgés de 7 à 9 ans avec un Q.I. de 85 ou plus qui répondent aux critères du DSM-III-R et qui ont un diagnostic de TDAH au DISC. Ils ont aussi une évaluation d'au moins 1.5 aux échelles de Conners pour les enseignants. Tous les enfants intégrés dans l'étude devaient être répondants aux psychostimulants (réponse démontrée par une détérioration sous placebo) et vivre à la maison avec au moins un de leurs parents; les enfants en institution ou placés en familles d'accueil étaient exclus. Parmi les critères d'exclusion, on retrouve le fait de difficultés sévères d'apprentissage (plus de deux ans de retard), de troubles neurologiques, tels que tics, épilepsie ou paralysie cérébrale, et la présence d'antécédents ou d'un épisode actuel d'abus physique.

Ces critères d'exclusion ont été établis dans la mesure où des problèmes tels que les tics ou autres rendent le traitement par stimulants dangereux ou difficile. En effet, si certains diagnostics de comorbidité peuvent masquer le déficit attentionnel et exiger un traitement spécifique, d'autres ne peuvent être laissés sans traitement (par ex. les troubles de conduite, l'abus physique ou les difficultés sévères d'apprentissage).

Lorsque l'enfant a été évalué complètement et qu'il répond aux critères d'inclusion, il est assigné au hasard à l'un des trois groupes suivants:

- Le groupe A traité selon l'approche multimodale reçoit un traitement par psychostimulants et participe de façon hebdomadaire à un groupe d'entraînement aux habiletés sociales (4 enfants), à un entraînement des habiletés scolaires, à une remédiation scolaire et une thérapie individuelle, alors que les parents suivent un groupe d'entraînement aux compétences parentales d'une durée de 12 semaines et qui sera suivi par une guidance hebdomadaire.

- Le groupe B soumis à un traitement intensif du contrôle attentionnel est également traité par psychostimulants. Il participe sur une base hebdomadaire à un groupe d'activités avec des pairs, à des groupes de travail à la maison et à une thérapie de support, alors que les parents participent à des groupes de support.

- Le groupe C traité selon l'approche conventionnelle reçoit un traitement par psychostimulants et assiste à une réunion mensuelle pour contrôle de la médication, support et guidance familial. Des interventions de crise pourront être faites au niveau de l'école ou ailleurs, selon la nécessité, mais avec un maximum de six à huit sessions.

__Description des interventions__ Toutes les interventions ont été rassemblées dans un manuel où l'on retrouve de manière détaillée le plan spécifique de chaque session. Voici un résumé de ces interventions et des objectifs visés.

__Médication__ Tous les groupes reçoivent du Méthylphénidate. Rappelons qu'ils sont formés de jeunes qui répondent tous au traitement.

Autant que possible, le dosage de la médication vise à optimaliser les fonctionnements comportemental et cognitif. Il n'y a pas de standards établis quant à l'utilité clinique de tests cognitifs spécifiques. Il y a eu récemment une tendance à s'éloigner des mesures de performances cognitives faites en laboratoire et à plutôt mettre l'emphase sur les performances scolaires, telles que les évaluent les études de type dose-réponse.

Cependant, il n'y a pas de consensus sur les habiletés académiques à évaluer (arithmétique, compréhension et décodage en lecture, lecture orale, orthographe, etc.) pas plus que sur les procédures à suivre dans le cas où certains dosages optimiseraient tel type d'habiletés scolaires. La preuve a été faite cependant que la performance en arithmétique (productivité, précision) augmente sous l'effet des psychostimulants (Douglas et al, 1986, Pelham, 1986). Ces effets rapportés en arithmétique ont été intégrés dans nos procédures d'évaluation.

La performance en arithmétique des enfants est donc évaluée en utilisant la tâche arithmétique de Douglas et al (1986). L'évaluation a lieu chaque semaine et correspond à une augmentation hebdomadaire de la dose: le test se déroule deux heures après l'ingestion par l'enfant de sa dose de Méthylphénidate du matin.

L'évaluation comportementale suit la pratique clinique standard. Les enfants sont vus chaque semaine à la clinique pendant une période de quatre semaines et le dosage est augmenté graduellement jusqu'à un maximum de 50 mg par jour, sur la base des rapports fournis par les parents et des impressions des enseignants obtenus par un contact téléphonique hebdomadaire. Le dosage est augmenté jusqu'à ce que l'enseignant ne rapporte plus d'amélioration du fonctionnement de l'enfant par rapport à la semaine précédente. A ce moment, l'enfant est ramené au dosage de la semaine précédente. Si les parents ou les enseignants notent des effets secondaires, le dosage est évidemment ramené à une valeur plus basse.

A noter ici que tous les groupes reçoivent un traitement par placebo après un an de traitement afin d'évaluer si l'enfant a toujours besoin de médication. Si oui, il est remis en traitement de façon progressive tout en évaluant s'il peut fonctionner correctement à un dosage moindre.

Entraînement des habiletés scolaires

Le style de réponse impulsif habituel chez les jeunes hyperactifs nuit souvent à leur performance scolaire. La tendance à abandonner une tâche, la négligence, l'illisibilité de la copie et l'inexactitude sont quelques-uns des défauts qui minorent la productivité scolaire de ces enfants. Un programme étendu sur 12 semaines réalisé avec des groupes de 3 ou 4 enfants met l'accent sur la rééducation de ces déficits. Les comportements cibles incluent les capacités d'organisation, d'identification et de compréhension des consignes et la vérification du travail afin d'arriver à une plus grande exactitude et à l'achèvement de la tâche demandée.

Une variété de procédés sont utilisés au cours de l'entraînement, incluant le modeling, les instructions directes, l'auto-observation et l'auto-évaluation, ainsi qu'un système d'amendes pour les évaluations imprécises. Les enfants commencent chaque session avec une banque de points. Chaque fois qu'il y a désaccord entre l'évaluation de l'enfant et celle de l'entraîneur quant à la qualité du travail accompli, l'enfant perd des points; de cette manière, il apprend à évaluer plus précisément sa performance.

Dans le but d'augmenter la pertinence de l'entraînement dans la vie quotidienne des enfants, le matériel utilisé incluera les travaux de classe et les devoirs de l'enfant lui-même. L'organisation de l'agenda, la prise de notes, le recueil et le contrôle du travail à domicile, la netteté du travail, etc., sont quelques-unes des capacités que nous examinons.

Intervention en milieu scolaire

A la suite de ce programme d'étude de 12 semaines, les enfants sont vus individuellement durant 7 mois pour une intervention en milieu scolaire hebdomadaire. Ces sessions individualisées en fonction des besoins scolaires de chaque enfant sont réalisées par des enseignants formés en éducation spécialisée. Tous les enfants continuent de recevoir un entraînement dans les stratégies d'organisation et d'étude. Dans ces sessions, l'accent est mis sur le travail scolaire des enfants, quoique des tâches et du matériel supplémentaires destinés à l'entraînement de sous-habiletés spécifiques soient également utilisés, lorsque nécessaire.

Un tutorat est fourni aux enfants avec des déficits d'apprentissage spécifiques. L'évaluation diagnostique en lecture, mathématique et orthographe est mise en place pour chaque enfant et des programmes de tutorat sont organisés sur une base individuelle. Certains enfants sont à leur niveau scolaire et ne requièrent aucune remédiation particulière. Pour ces jeunes, l'entraînement vise à mettre l'accent sur les habiletés d'organisation et d'études décrites précédemment.

Les enfants du groupe B reçoivent pour leur part une aide en regard du travail à effectuer à la maison. Aucun accent particulier n'est mis sur les déficits cognitifs, scolaires ou autres.

Entraînement des habiletés sociales

Il existe une vaste littérature sur l'entraînement aux compétences sociales chez l'enfant dans laquelle on retrouve de nombreux programmes très détaillés (Hops et al, 1985; Ladd, 1984; Michelson et al, 1983). Notre revue de la littérature nous a conduit à choisir deux programmes qui ont été testés de manière empirique et se sont révélés prometteurs pour augmenter la sociabilité des enfants. De fait, ces programmes centrés sur certains manques nous sont apparus particulièrement adaptés à la problématique en cause. Notre intention est d'utiliser des composantes de ces programmes bien établis, en les modifiant si nécessaire pour accroître leur pertinence chez les enfants hyperactifs, et en y ajoutant des éléments, de manière à augmenter leur capacité de généralisation.

Les programmes utilisés dans l'étude sont ceux développés par Michelson et al (1983), Walker et al (1983), (le Walker Social Skills Curriculum et le programme Accepts) qui comprennent une variété de techniques de modification du comportement social visant le développement de certaines habiletés: ces techniques incluent entre autres l'instruction directe, le modeling, le rappel comportemental, la rétroaction, les réactions d'autrui et le renforcement social.

Les sessions se poursuivent chaque semaine pendant une année et sont réactivées ensuite une fois par mois seulement durant la deuxième année. Elles sont réalisées par un psychologue spécialement formé à ces techniques. La session hebdomadaire au cours de la première année est nécessaire pour définir de façon précise les déficits, travailler à l'acquisition de certaines habiletés sociales et parvenir à étendre ces apprentissages aux situations de la vie courante. Les sessions de réactivation sont également nécessaires puisque plusieurs études ont montré que beaucoup de gains sont perdus avec le temps dès que l'entraînement s'arrête.

Les sujets du groupe B participent quant à eux chaque semaine à des activités de groupes ouvertes, i.e. qui sont choisies par les enfants. Elles sont supervisées par un assistant de recherche.

Entraînement aux compétences parentales et guidance Les parents se rencontrent une fois par semaine en petits groupes pendant à peu près 12 semaines. Ils sont initiés au programme décrit par Barkley (1981) qui leur fournit des règles et des stratégies de contrôle du comportement, en se centrant particulièrement sur les problèmes causés par les enfants hyperactifs et les approches les plus appropriées dans leur cas. Les parents ont des travaux à faire à domicile; ils doivent tenir un relevé des comportements et des renforcements et consigner leurs efforts et leurs expériences dans un rapport. A la suite du programme, ils rencontrent trois fois par mois un thérapeute. Ces rencontres familiales individualisées visent à aider les parents à généraliser les compétences acquises au cours de leur entraînement. La technique est axée sur les stratégies parentales les plus efficaces et les plus gratifiantes, comme le faisaient les groupes de parents.

Une fois par mois, le thérapeute rencontre toute la famille. Ces réunions permettent d'obtenir de l'information sur les relations avec la fratrie et sur la manière dont la famille fonctionne en tant que système. Pendant ces réunions mensuelles, le thérapeute non seulement prend connaissance du système familial mais il utilise cette rencontre pour pointer certaines interactions mal adaptées et aider la famille à en changer. Il s'appuie donc à la fois sur les théories des systèmes et de contrôle comportemental. Pendant la deuxième année, les parents ont des réunions mensuelles qui visent à renforcer les gains faits pendant la première année. Le programme est réalisé par un psychologue expérimenté dans ce type de guidance.

Pour leur part, les parents du groupe B reçoivent une attention équivalente en termes d'informations et de support. On offre à ce groupe des discussions d'intérêt général qui portent sur la nature du syndrome de déficit attentionnel et sur les différents problèmes qu'il peut provoquer à la maison. Mené par un assistant de recherche, ce programme a lieu à la même fréquence que celui du groupe A. Les sessions individuelles avec les parents consistent en des échanges essentiellement centrés sur la vie quotidienne.

Programme de contrôle comportemental à l'école

Un rapport sur la performance comportementale et scolaire de tous les sujets est fourni par l'enseignant de l'enfant trois fois par semaine. Sur la base de ce rapport, des points sont accordés à l'enfant qui sont ensuite convertis en récompense (une activité ou un objet) s'adressant à la fois à l'enfant et à la famille. Cette procédure établie par un thérapeute comportementaliste est individualisée pour chaque enfant. En plus de ne pas singulariser l'enfant hyperactif, cette manière de faire évite de stigmatiser son handicap. Elle comporte également une composante d'auto-évaluation et d'auto-contrôle qui permet à l'enfant de recevoir des points supplémentaires, si l'évaluation de son propre comportement se rapproche de celle de l'enseignant. Finalement, la combinaison des programmes parental et scolaire qui se trouvent renforcés au cours des sessions favorise d'autant la généralisation.

Thérapie individuelle de jeu.

Cette thérapie est réalisée par un psychiatre d'enfants expérimenté dans la conduite de psychothérapie et qui possède une compréhension psychodynamique du développement de l'enfant. Au début, le thérapeute cherche à établir une alliance thérapeutique positive qui servira de base à la résolution de problèmes par l'enfant. Une fois la relation bien engagée, la thérapie est centrée sur des buts spécifiques qui sont en relation directe avec les difficultés psychologiques reconnues chez les enfants hyperactifs. Les objectifs poursuivis sont les suivants:

- **Augmenter l'estime de soi.** Dans le contexte de l'alliance thérapeutique, toutes les réponses positives, qu'elles soient verbales ou non verbales, sont commentées et renforcées par le thérapeute. Le respect et l'espoir entretenus par le thérapeute sont rendus perceptibles à l'enfant par des échanges qui visent à accroître son estime de soi. Des commentaires négatifs prononcés par l'enfant sur lui-même ou encore des éléments négatifs symbolisés dans un jeu sont d'emblée signalés à l'enfant comme non réalistes et ne pouvant pas l'aider.

- Promouvoir une meilleure compréhension de la maladie. Selon notre expérience, la compréhension qu'ont les enfants hyperactifs de leur maladie varie depuis le déni complet d'être en faute (ils reprochent alors aux autres les difficultés qu'ils ont) jusqu'au sentiment d'être mauvais ou stupide. Dans ce dernier cas, l'enfant a l'impression que le problème est sans solution. Le thérapeute aide ici l'enfant à définir le plus réalistement possible les difficultés qu'il rencontre, répondant ainsi à l'idée que le problème est global et sans solution, et il cherchera à créer, grâce à l'alliance thérapeutique, un climat propice à la résolution de problèmes.

- Changer la perception de rejet éprouvée par l'enfant. Presque tous les enfants hyperactifs vivent l'expérience d'être rejetés par les parents, les enseignants, la fratrie ou les pairs. La thérapie met l'accent sur le fait que ce rejet, bien que réel, est la conséquence directe de certains comportements qui provoquent une réponse négative chez autrui. Ces marques de rejet (par exemple à l'école, on les traite fréquemment de souillons, d'imbéciles, etc.) sont nuisibles et destructrices au point où ces enfants n'arriveront à parler de leurs blessures que dans une relation de confiance. C'est dans ce contexte qu'une solution au problème est proposée en faisant le lien entre certains comportements et le rejet qu'ils peuvent entraîner chez les autres.

- Améliorer le sentiment d'efficacité personnelle. La plupart des enfants hyperactifs ressentent que leurs difficultés sont insolubles. A certains moments, le traitement médicamenteux qu'ils reçoivent pourra même accroître ce sentiment en leur montrant qu'une médication est nécessaire pour changer quelque chose en eux. On expliquera à l'enfant que le traitement n'est donné que pour l'aider à accomplir des changements que lui seul d'ailleurs pourra vraiment effectuer sur lui-même. Le thérapeute amènera également l'enfant à voir que le découragement qu'il ressent devant sa situation ne reflète pas vraiment la réalité et qu'il peut gagner un contrôle sur ses comportements, en particulier au début avec l'aide du médicament. Le fait d'expérimenter des succès contribue aussi à améliorer chez l'enfant l'estime qu'il a de lui-même.

En plus de travailler à ces objectifs, la clinique a montré que les enfants hyperactifs souffraient souvent de problèmes psychologiques ou vivent des conflits qui leur sont propres. A mesure qu'ils apparaissent au cours de la thérapie, ceux-ci doivent être traités de manière appropriée.

Dans le groupe B, la session avec un membre de l'équipe de recherche se concentre également sur l'établissement d'une relation positive. Le chercheur laisse l'enfant exprimer ses difficultés tel qu'il les voit. Bien qu'on attende de ces sessions qu'elles soient bénéfiques, leur but n'a pas le caractère spécifique de celles offertes aux enfants du groupe multimodal.

La recherche dont nous venons de présenter les grandes lignes est actuellement en cours et notre hypothèse est que ces enfants handicapés par des problèmes multiples, tant sur le plan scolaire, social qu'émotionnel, tireront un grand bénéfice d'une telle approche.❖

It has been well documented that children with Attention Deficit Hyperactive Disorder have a multitude of problems in the academic, social and emotional spheres. Although stimulant medication has been shown in short-term controlled studies to improve hyperactivity, inattention, short-term memory and classroom behaviour, it has not resulted in significant gains in academic performance. Furthermore, follow-up studies of children treated with stimulants indicate that they continue to have significant academic, social and emotional problems in childhood, adolescence and young adulthood.

The realization that stimulant medication does not adequately address the multiple deficits these children display has led to the investigation of other approaches. Among these, a multimodal treatment approach which combines well-titrated stimulant medication with academic skills training and remediation, social skills training, parent training and family counselling, and individual psychotherapy for the child, seems most promising.

We have thus embarked on a controlled treatment study in which we will compare the outcome of hyperactive children, 7 to 9 years of age, who are randomly assigned to three treatment groups: Group A - a multimodal treatment group which receives weekly interventions for 1 year in the areas outlined above, and monthly boosters of these interventions in the second year; Group B - receives well-titrated medication and equal professional attention, but not the specific interventions; and Group C - receives well-titrated medication, monthly monitoring and crisis intervention if required, i.e. conventional treatment. The study and the interventions are described. Results are pending as the study is ongoing.

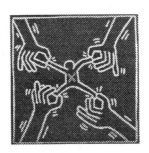

Références

Abikoff H. Efficacy of cognitive interventions in hyperactive children: a critical review. **Clin Psychol Rev** 1985;5:479-512.

Abikoff H. An evaluation of cognitive behavior therapy for hyperactive children. **Adv Clin Child Psychol** 1987;10:171-216.

Barkley RA. Training parents to cope with hyperactive children. In: Barkley RA. **Hyperactive children: a handbook for diagnosis and treatment.** New York: Guilford Press, 1981:271-365.

Barkley RA, Cunningham CE. The parent-child interactions of hyperactive children and their modification by stimulant drugs. In: Knights R, Bakker DJ (Eds). **Treatment of hyperactive and learning disordered children.** Baltimore: University Park Press, 1980.

Cantwell DP, Satterfield JH. The prevalence of academic underachievement in hyperactive children. **J Pediatr Psychol** 1978;3:168-171.

Charles L, Schain R. A four year folow up study of the effects of methylphenidate on behavior and academic achievement of hyperactive children. **J Abnorm Child Psychol** 1991;9:495-505.

Conrad WG, Dworkin ES, Shai A, Tobiessen JE. Effects of amphetamine therapy and prescriptive tutoring on the behavior and achievement of lower class hyperactive children. **J Learn Disabil** 1971;4:509-517.

Cunningham CE, Siegel LS. Peer interactions of normal and attention-deficit-disordered boys during free-play, cooperative task, and simulated classroom situations. **J Abnorm Child Psychol** 1987;15:247-268.

Douglas VI, Barr RG, O'Neill ME, Britton BG. Short term effects of methylphenidate on the cognitive, learning and academic performance of children with attention deficit disorder in the laboratory and classroom. **J Child Psychol Psychiatry** 1986;27:191-211.

Gadow KD, Swanson HE. Assessing drug effects on academic performance. **Psychopharmacol Bull** 1985;21:877-886.

Gittelman-Klein R, Abikoff H, Pollack E, et al. A controlled trial of behavior modification and methylphenidate in hyperactive children. In: Whalen C, Henker B (Eds). **Hyperactive children: the social ecology of identification and treatment.** New York: Academic Press, 1980:259-295.

Gittelman R, Klein D, Feingold I. Children with reading disorders. - II. Effects of methylphenidate in combination with reading remediation. **J Child Psychol Psychiatry** 1983;24:193-212.

Gittelman R, Mannuzza S, Shenker R, Bonagura N. Hyperactive boys almost grown up. - I. Psychiatric status. **Arch Gen Psychiatry** 1985;42:937-947.

Gresham FM. Utility of cognitive-behavioral procedures for social skills training with children: a critical review. **J Abnorm Child Psychol** 1985;13:411-423.

Hechtman L, Weiss G, Perlman T. Young adult outcome of hyperactive children who received long-term stimulant treatment. **J Am Acad Child Psychiatry** 1984;23:261-269.

Hops H, Finch M, McConnell S. Social skills deficits. In: Bornstein PH, Kazdin AE (Eds). **Handbook of clinical behavior therapy with children.** Homewood: Dorsey Press, 1985.

Humphries T, Kinsbourne M, Swanson S. Stimulant effects on cooperation and social interaction between hyperactive children and their mothers. **J Child Psychol Psychiatry** 1978;19:13-22.

Ladd GW. Social skill training with children: issues in research and practice. **Clin Psychol Rev** 1984;4:317-337.

Michelson L, Mannarino AP, et al. A comparative outcome study of behavioral social skills training, cognitive problem solving and Rogerian treatments for children psychiatric outpatients: process, outcome and generalization effects. **Behav Res Ther** 1983;21:545-556.

Michelson L, Susgai DP, Wood RP, Kazdin AE. **Social skills assessment and training with children.** New York: Plenum Press, 1983.

Pelham WE, Bender ME,. Peer relationships in hyperactive children: description ans treatment. **Adv Learn Behav Disabil** 1982;1.

Pelham WE, Murphy HA. Behavioral and pharmacological treatment of attention deficit and conduct disorders. In: Hersen M, Breuning DE (Eds). **Pharmacological and behavioral**

treatment: an integrative approach. New York: John Wiley & Sons, 1986.

Pelham WE, Bender ME, Caddell J, et al. Methylphenidate and children with attention deficit disorder: dose effects on classroom, academic and social behavior. **Arch Gen Psychiatry** 1985;42:948-952.

Pelham WE, Milich R. Peer relations in children with hyperactivity attention deficit disorder. **J Learn Disabil** 1984;17:560-567.

Pelham WE. The effects of psychostimulant drugs on learning and academic achievement in children with attention-deficit disorders and learning disabilities. In: Torgensen JK, Wong BYL (Eds). **Psychological and educational perspectives in learning disabilities.** New York: Academic Press, 1986.

Rapport MD, Stoner G, DuPaul GJ, et al. Methylphenidate in hyperactive children: differential effects of dose on academic, learning and social behavior. **J Abnorm Child Psychol** 1985;13:227-244.

Riddle KD, Rapoport J. A 2-year follow-up of 72 hyperactive boys. **J Nerv Ment Dis** 1976;162:126-134.

Satterfield JH, Hoppe CM, Schell AM. A prospective study of delinquency in 110 adolescent boys with attention deficit disorder and 88 normal adolescent boys. **Am J Psychiatry** 1982;139:795-798.

Satterfield JH, Satterfield BT, Cantwell DP. Three-year multimodality treatment study of 100 hyperactive boys. **J Pediatr** 1981;98:650-655.

Satterfield JH, Satterfield BT, Schell AE. Therapeutic interventions to prevent delinquency in hyperactive boys. **J Am Acad Child Adol Psychiatry** 1987;26:56-64.

Spivak G, Shure MD. **Social adjustment of young children: cognitive approach to solving real-life problems.** San Francisco: Jossey-Bass, 1974.

Stephens RS, Pelham WE, Skinner R. State-dependent and main effects of methylphenidate and pemoline on paired-associate learning and spelling in hyperactive children. **J Consult Clin Psychol** 1984;52:104-113.

Walker HM, McConnell S' Holmes D, et al. **The Walker Social Skills Curriculum: the ACCEPTS Program.** Austin: Pro-Ed, 1983.

Weiss G, Kruger E, Danielson U, Elman M. Effect of long-term treatment of hyperactive children with methylphenidate. **Can Med Assoc J** 1975;112:159-165.

P.R.I.S.M.E. hiver 1992, vol. 3, no 2

UNE APPROCHE CLINIQUE COGNITIVO-COMPORTEMENTALE:

connaître et aider ces parents dont les enfants bougent trop

Introduction

**Christianne GRAVEL,
Françoise TURGEON-
KRAWCZUK,
Philippe LAGEIX**

Christianne **Gravel**, B.Sc.

est intervenante sociale à la

Clinique d'Hyperactivité de

l'Hôpital Rivière-des-Prairies.

Elle utilise une approche

cognitivo-comportementale

auprès des parents des

enfants hyperactifs. Elle

poursuit actuellement des

études de maîtrise en Service

Social.

Françoise **Turgeon-

Krawczuk,** Ph.D. (Service

Social), est chercheure, à

l'Hôpital Rivière-des-Prairies.

Le trouble de l'attention avec hyperactivité est un trouble mental hétérogène d'étiologie inconnue[1] dont l'évolution est souvent chronique [2, 3]. La fréquence et la lourdeur de la comorbidité [1, 4, 5] observée dans bien des cas d'enfants atteints de TDAH ont montré la nécessité d'une évaluation étendue qui permette la formulation diagnostique la plus précise et complète possible.

L'évaluation et l'intervention visent un meilleur ajustement entre les parents et leur enfant hyperactif. Pour atteindre ce but, la démarche engagée auprès de la famille se fait en trois étapes. Elle comprend tout d'abord une section informatisée d'auto-évaluation qui a l'avantage d'offrir aux parents une interprétation immédiate des résultats. Cette grille standardisée nous permet aussi de mieux cerner quels sont les atouts des parents mais aussi les points sur lesquels ils devront travailler. Enfin, lors des sessions d'entraînement, l'identification des forces et des faiblesses et le renforcement donneront aux parents une place et une compétence particulières dans le groupe.

Dans cet article, nous nous centrerons sur les services offerts aux familles, considérant qu'elles ont à s'adapter au problème de leur enfant. Un des objectifs poursuivis est de promouvoir l'insertion du

Les auteurs présentent le protocole d'évaluation et d'intervention utilisé auprès des enfants hyperactifs et de leur famille à la Clinique d'hyperactivité de l'Hôpital Rivière-des-Prairies. Les buts de l'évaluation sociale standardisée et de l'intervention selon une approche cognitivo-comportementale seront davantage développés.

Ses recherches sont orientées vers le développement, la validation et l'évaluation d'instruments de mesure adaptés à la pratique sociale en équipe pluridisciplinaire. Auteure du logiciel Système Interactif d'Evaluation sociale, disponible au printemps 1993.

Philippe **Lageix,** m.d. est pédopsychiatre, responsable de la Clinique d'hyperactivité de l'Hôpital Rivière-des-Prairies et professeur chargé d'enseignement clinique à l'Université de Montréal.

jeune dans sa famille, son groupe de pairs aussi bien qu'à l'école. Ce choix repose sur l'hypothèse que travailler sur des facteurs comportementaux améliorant la socialisation chez ces enfants aura une incidence positive non seulement sur leur déficit attentionnel mais également sur les autres troubles extériorisés. En effet, plusieurs considèrent le TDAH comme une condition prémorbide et/ou comorbide pouvant mener ou s'associer à d'autres troubles tels les troubles des conduites ou les troubles limites de personnalité, ou encore les troubles d'apprentissage[1-9]. C'est donc un point de vue préventif aussi bien que curatif qui a guidé notre choix.

Évaluation sociale

L'évaluation sociale que nous utilisons à la Clinique des enfants hyperactifs est constituée d'une grille standardisée d'évaluation sociale combinée à une série de quatre tests informatisés réunis dans un logiciel intitulé: «Vie familiale et impact d'une difficulté». Le système d'évaluation interactive conçu par Turgeon-Krawczuk[10] vise plusieurs buts.

La perception rapide des problèmes par le parent

La portion informatisée de l'évaluation durant laquelle chaque parent travaille devant l'écran de l'ordinateur permet non seulement d'évaluer les relations à risques mais surtout, et à cause même de la procédure employée, elle amène le parent à prendre conscience de ce qui va bien dans la relation avec son enfant et aussi de ce qui ne fonctionne pas avec celui-ci[11,12]. Des dimensions telles que l'état de stress psychologique, l'humeur dépressive, l'isolement social, les exigences du rôle de parent, les demandes de l'enfant, la cohésion et l'autonomie dans la famille, l'adaptation à la vie de couple sont successivement évaluées et interprétées à l'écran.

Ce logiciel est d'utilisation facile pour le parent qui n'est pas familier avec l'informatique et les résultats lui sont présentés de façon à ce qu'il puisse se situer par rapport à la moyenne des parents. De plus, ces résultats sont interprétés en fonction des difficultés de l'enfant et du besoin ou non d'une intervention du Service social. Ce logiciel peut être utilisé à trois reprises, ce qui permet une comparaison des résultats graphiques dans le temps.

Les qualités internes et externes du système servent des buts de prise de conscience et de motivation et nous avons pu observer que les parents se montrent très ouverts à son utilisation dans une perspective d'évaluation.

L'affinement du besoin de service

S'ajoutant à cette première démarche auto-évaluative, une évaluation au moyen d'une grille standardisée est complétée par l'intervenante sociale. Cette grille comporte cinq indices psychosociaux: le milieu familial et social, l'interaction familiale, la perception parentale du fonctionnement de l'enfant en difficulté, l'aptitude de la mère et celle du père à faire face aux difficultés de l'enfant. Ces indices sont cotés suivant une échelle d'appréciation en cinq points allant de très fort à très faible.

L'intervention débute dès l'évaluation

L'approche privilégiée auprès des parents à la clinique des enfants hyperactifs en est une basée sur un modèle cognitivo-comportemental. Remarquons d'abord que les qualités susmentionnées du logiciel permettent un engagement rapide des parents. Ainsi, lors de l'évaluation avec l'intervenante sociale, une perception affinée des difficultés éprouvées par la famille émerge déjà. Après une identification des stratégies possibles, le choix de celle qui apparaît la plus appropriée est fait, avec la possibilité pour les parents d'opter pour un suivi individuel ou une démarche de groupe. Les qualités de standardisation de cette évaluation ainsi que le caractère contrôlé des interventions permettent d'opérer un jugement prospectif du processus d'évaluation et d'intervention.

Au terme de l'évaluation d'une quinzaine de familles, des résultats très préliminaires démontrent que:
- Les ressources familiales et conjugales sont généralement bonnes et représentent donc une force.
- Le stress psychologique et le stress parental sont très au-dessus de la moyenne, ce qui marque un point faible.
- Le fonctionnement de l'enfant, tel que perçu par les parents, représente un point faible.
- Les aptitudes des mères à faire face aux difficultés de leur enfant sont généralement plus faibles que celles des pères à faire face aux mêmes difficultés.

L'évaluation sociale s'insère dans une évaluation complémentaire L'évaluation complémentaire (voir l'annexe) vise à faire un recueil complet de données sur les difficultés rencontrées par l'enfant, de manière à interpréter les co-morbidités présentes selon les cas. Préalablement et de façon indépendante, tous les enfants et leurs parents passent donc une évaluation standardisée au Service de recherche de l'hôpital.[13]

Cette démarche repose sur l'hypothèse que la présence d'un trouble de l'attention avec hyperactivité, si elle est décelée, pourrait changer l'indication de traitement offert pour une psychopathologie associée [14-16]. L'interprétation de différents traits de comorbidité se poursuit au moyen de rencontres ouvertes et structurées qui sont proposées à l'enfant et ses parents par la psychologue, l'ergothérapeute, l'intervenante sociale et le pédopsychiatre. L'évaluation du déficit d'intégration sensorielle, les mesures de l'altération de l'attention, de l'impulsivité et de la mémoire, le recueil des événements de vie de l'enfant et de ses parents ainsi que des antécédents familiaux complètent cette démarche diagnostique. Le jugement clinique des professionnels et la contribution essentielle de chacun à la synthèse des informations permettra l'élaboration d'un plan de traitement adéquat. Le but poursuivi par l'intervention est celui d'un meilleur ajustement dynamique entre l'enfant et les milieux où il évolue.[4,11]

II. L'intervention cognitivo-comportementale auprès des parents

Le type d'intervention utilisé à la Clinique d'hyperactivité, dérivé du modèle proposé par Barkley[13], s'adresse aux parents et s'étend sur une période de 10 à 12 rencontres réalisées de façon individuelle ou en groupe.

Réduire l'opposition et la défiance

Le programme élaboré par Barkley a pour principal objectif de réduire les comportements d'opposition et de défiance chez les enfants, en apprenant aux parents des stratégies de gestion plus efficaces. Mais pourquoi cette centration sur l'opposition et la défiance? D'abord, parce que ce trouble souvent dominant peut s'étendre à l'extérieur du cadre familial (école, loisirs). Il pourra également conduire à des problèmes comportementaux plus sérieux; le trouble d'opposition et de défiance associé au TDAH est d'ailleurs un prédicteur des troubles de conduites.[13]

Les comportements d'opposition et de désobéissance chez un enfant ont des répercussions directes sur le fonctionnement familial qui, en retour, influera sur les comportements futurs de l'enfant. Une série d'interactions négatives s'établit entre parents et enfant et cette dynamique interviendra également dans la relation du couple parental.

Des études récentes tendent à démontrer que les problèmes de comportement reliés au TDAH dépendent autant d'un déficit motivationnel que d'un déficit de l'attention.[11] Cette façon de conceptualiser le TDAH comme un trouble motivationnel explique la grande variabilité des symptômes selon les situations. En partant de cette hypothèse, il apparaît donc important que les parents procurent une motivation externe à l'enfant et c'est précisément ce que propose le programme de Barkley en enseignant aux parents des techniques de gestion efficaces et stimulantes.

Plusieurs parents d'enfants hyperactifs, après avoir essayé en vain diverses stratégies de façon plus ou moins consistante, en viennent à conclure que rien ne fonctionne et, quelles que soient les méthodes utilisées, que le comportement de leur enfant ne changera jamais. Pour modifier cette perception, des stratégies comme la restructuration cognitive ont été incorporées au programme.

Une intervention par étapes

Chacune des rencontres représente une étape en soi que les parents doivent bien maîtriser avant de passer à la suivante. Les premières étapes seront surtout explicatives et montreront l'importance de porter attention à l'enfant. On expliquera aussi aux parents pourquoi les enfants désobéissent et selon quels scénarios. Ainsi, les parents accroissent graduellement leur capacité d'attention positive, ce qui les amène à développer des attitudes plus efficaces pour être obéis par leur enfant, tout en augmentant la capacité de jeu indépendant chez ce dernier. Par exemple, en lui accordant une attention positive, un parent apprendra comment il peut poursuivre ses propres occupations, sans être constamment interrompu par les comportements dérangeants de l'enfant.

On utilisera aussi un système de points ou de jetons en fonction de l'âge de l'enfant, ce qui permet aux parents de souligner ses bons comportements; selon que l'enfant accumule des points, il pourra ainsi se mériter une récompense. On proposera aussi aux parents pour répondre à des comportements d'opposition ou de violence très marqués de retirer l'enfant en l'envoyant dans sa chambre quelques minutes . Progressivement et tout en l'appliquant à des situations de crises de plus en plus complexes, les parents apprendront à utiliser ce système de points en plus ou en moins et le retrait, si nécessaire.

Les étapes subséquentes serviront à généraliser cet apprentissage à des situations spécifiques, tels que des crises survenant brusquement ou encore dans des endroits publics. Ainsi, tout au long de ces rencontres, les parents comprendront que face aux difficultés rencontrées avec leur enfant, ils ne doivent pas se décourager mais intervenir sans attendre et de manière consistante, tout en privilégiant les encouragements plutôt que les punitions. A part le fait d'améliorer l'obéissance et d'accroître leurs connaissances sur les causes de l'opposition, les parents auront développé des habiletés, ce qui devrait aussi permettre d'établir un meilleur dialogue avec leur enfant.

Une généralisation de chaque étape Durant la dizaine de rencontres avec les parents, les thèmes abordés avec eux sont accordés aux thèmes travaillés simultanément dans un groupe avec les enfants. Nous souhaitons dans l'avenir développer une démarche en collaboration avec les écoles qui permettrait de travailler ces thèmes dans la situation scolaire.

Au terme du programme, les parents sont rencontrés par l'intervenante sociale dans le but de soutenir et d'étendre la compréhension et les habiletés acquises au cours des rencontres. Ce travail s'ajoute à des sessions de rappel après un mois, puis trois mois. L'ensemble de ce programme s'étend sur une année.

Une intervention insérée dans une démarche multimodale D'autre part, trois types d'intervention sont proposées à l'enfant: une thérapie d'approche cognitivo-comportementale de groupe, une thérapie d'intégration neurosensorielle et d'habiletés sociales et des services individuels en ergothérapie pour améliorer le contrôle moteur [18]. On utilise aussi des médicaments tels que le méthylphénidate (Ritalin), la pémoline (Cylert), la désipramine (Norpramine), la clonidine (Catapres) qui sont administrés en fonction des comorbidités présentes et de la réponse obtenue dans chaque cas.

Ce traitement multimodal poursuit des objectifs précis. Il vise d'abord à redonner à l'enfant une meilleure estime de lui-même et un sentiment de compétence. On travaille aussi à une meilleure adaptation de l'enfant à son milieu familial et à son milieu social. Enfin, une information répétée et adaptée devrait favoriser la compréhension, tant par les parents que par l'enfant, de la maladie. Nous espérons ainsi limiter l'utilisation des médicaments tout en sachant et en indiquant clairement qu'ils sont nécessaires, et parfois pour longtemps.

Conclusion

En guise de conclusion, il importe de rappeler que nous offrons des services à des parents qui doivent négocier avec une pathologie chronique marquée par un niveau très bas d'acceptation sociale. Ces parents se sentent souvent dépassés, inquiets et isolés. Notre première tâche est donc de les amener à prendre conscience de la situation de stress liée à l'ensemble d'expériences difficiles qu'ils ont à gérer et qui les enferment dans une dynamique sans issue.

Dans une deuxième étape qui consiste à identifier les ressources mais également l'impuissance des parents devant les multiples signaux perçus dans la vie familiale ou venant de l'école, il s'agira de replacer dans une dynamique féconde l'inquiétude justifiée des parents face à l'avenir de leur enfant.

Par ailleurs, des mesures de soutien et de répit nous semblent essentielles pour éviter l'épuisement ou la démission des parents. Des programmes d'activités para-scolaires, incluant une assistance pour les devoirs et les leçons, devraient pouvoir être négociés avec des partenaires adéquats, et des ressources de répit, telles que des foyers thérapeutiques, créées et offertes à ces familles. Les associations de parents d'enfants hyperactifs peuvent également apporter du support et favoriser une meilleure connaissance de ces troubles.❖

This paper presents the conceptual framework of evaluation and intervention used at the Rivière-des-Prairies ADHD Clinic. Rational of social intervention is specifically outlined through evaluation and services offered to families. The authors finally point out the tertiary prevention underlying the whole framework.

Annexe

Procédure de l'Evaluation complémentaire des enfants hyperactifs à la Clinique spécialisée.

L'évaluation complète s'étend sur six semaines et comporte les étapes suivantes:

A) Les tests d'Achenbach, d'Edelbrok et de Conners pour les parents sont envoyés trois semaines avant le début de l'évaluation accompagnée d'une lettre expliquant la procédure.

B) La première rencontre réunissant les parents, l'enfant, la travailleuse sociale et le pédopsychiatre de la clinique est enregistrée au magnétoscope. On explore la compréhension par les parents du trouble, les moyens mis en place ainsi que leur motif à consulter.

Une rencontre ouverte avec l'enfant seul permet d'explorer ses champs d'intérêt, sa perception des difficultés, son statut clinique, sa motivation dans la situation d'examen; on procède à un examen neurologique succinct.

Le questionnaire de Barkley est rempli par le pédopsychiatre lors d'une entrevue avec les parents seuls.

C) Tous les parents passent l'évaluation sociale standardisée.

D) L'évaluation psychologique de l'enfant comprend les tests suivants: Wechsler Intelligence scale for Children; Factor III Freedom from Distractibility - Wisc III; Wide Range Assessment Memory and Learning; Matching Familiar Figures Test; Halstead Trail -Making Test; Stroop Color Distraction Test; Cognitive Control Battery; Test d'annulation simple ou double; Kaufman Assessment Battery for Children - Hand Movement Test, Photo séries; Test projectif d'attitude scolaire; Dessins du bonhomme et de la famille.

E) L'évaluation ergothérapique des enfants âgés de 6 à 8 ans comprend les tests suivants: Meeting Street School Screening Test; Motor Accuracy Revised; Observation Clinique selon Ayres; Test of Visual Perceptual Skills; Developmental Test Visual Motor Integration.

F) Une synthèse des données est effectuée qui précise le diagnostic et la comorbidité. Le clinicien référant est rencontré pour partager les données obtenues et contribuer à la prise de décisions.

G) Une intervention évaluative et thérapeutique contrôlée auprès de l'école est à l'étude.

Références

1. Biederman J, Newcorn J, Sprich S. Comorbidity of attention deficit hyperactivity disorder with conduct, depressive, anxiety and other disorders. **Am J Psychiatry** 1991;148(5):564-577.
2. Mannuzza S, Klein RG, Addalli KA. Young adult mental status of hyperactive boys and their brothers: a prospective follow-up study. **J Am Acad Child Adol Psychiatry** 1991;30(5):743-751.
3. Mannuzza S, Klein RG, Bonagura N, Malloy P, Giampino TL, Addalli KA. Hyperactive boys almost grown up. - V. Replication of psychiatric status. **Arch Gen Psychiatry** 1991;48(1):77-83.
4. Breton JJ, Lageix P. **Clinique spécialisée sur le trouble déficitaire de l'attention avec hyperactivité.** [non publié].
5. Keller MB, Lavori PW, Beardslee WR, Wunder J, Schwartz CE, Roth J, Biederman J. The disruptive behavioral disorder in children and adolescents: comorbidity and clinical course. **J Am Acad Child Adol Psychiatry** 1992;31(2):204-209.
6. Coon H, Carey G, Corley R, Fulker DW. Identifying children in the Colorado Adoption Project at risk for conduct disorder. **J Am Acad Child Adol Psychiatry** 1992;31(3):503-511.
7. Boyle MH, Offord DR, Racine YA, Szatmari P, Fleming JE, Links P. Predicting substance use in late adolescence: results from the Ontario Child Health Study follow-up. **Am J Psychiatry** 1992;149(6):761-767.
8. Farrington DP, Loeber R, Elliott DS, Hawkings JD, Kandel DB, Klein MW, McCord J, Rowe DC, Tremblay RE. Advancing knowledge about the onset of delinquency and crime. **Psychol Yearbook** 1992.
9. Klein R, Mannuzza S. Long-term outcome of hyperactive children: a review. **J Am Acad Child Adol Psychiatry** 1991;30(3):383-387.
10. Turgeon-Krawczuk F. **Un logiciel interactif en service social: effets sur les parents d'enfants atteints de maladie chronique.** [Thèse de doctorat, avec mention de la Faculté des sciences sociales] Québec: Ecole de Service Social, Université Laval, 1991.
11. Barkley RA. **Attention deficit hyperactivity disorder: a handbook for diagnosis and treatment.** New York: Guilford Press, 1991.
12. AACAP Journal. **Practice parameters for the assessment and treatment of attention-deficit hyperactivity disorders.** (ADHD Pratice Parameters) 11/14/90.
13. Valla JP, Bergeron L, Breton JJ. **Evaluation standardisée dans les cliniques externes: interface entre la Clinique et la Recherche.** Présentation au Congrès de l'Académie canadienne de psychiatrie, septembre 1992.
14. Goldstein S, Goldstein M. **Managing attention disorder in children: a guide for practitioners.** New York: John Wiley & Sons, 1990.
15. Silver LB. **Attention-deficit hyperactivity disorder: a clinical guide to diagnosis and treatment.** Washington: American Psychiatric Press, 1992.
16. Barkley RA. **Defiant children: a clinician's manual for parent training.** New York: Guilford Press, 1987.
17. Patterson GR. **Coercive family process.** Eugene, OR: Castalia, 1982.
18. Fréchette, H. l'intégration sensorielle aux habiletés sociales: une nouvelle approche ergothérapique de l'hyperactivité. P.R.I.S.M.E. 1992; 3(2):275-283.

P.R.I.S.M.E. hiver 1992, vol. 3, no 2

A la Clinique d'hyperactivité de l'Hôpital Rivière-des-Prairies, une intervention en ergothérapie est intégrée à l'approche multimodale, visant ainsi à cerner toutes les dimensions qui contribuent aux troubles attentionnels. L'auteure expose les principes qui sous-tendent son approche dont l'objectif est d'améliorer les différents aspects du développement souvent perturbés chez les enfants hyperactifs; l'auteure utilise entre autres l'intégration sensorielle pour favoriser la maturation neurologique. Les enfants de cinq à huit ans recevront des services individuels puis en groupe parallèlement aux autres interventions.

L'INTÉGRATION SENSORIELLE AUX HABILETÉS SOCIALES:

une nouvelle approche ergothérapique de l'hyperactivité

Hélène FRÉCHETTE

L'auteure est ergothérapeute à la Clinique d'hyperactivité de l'Hôpital Rivière-des-Prairies, elle a développé une approche utilisant habiletés sociales et intégration sensorielle auprès d'enfants hyperactifs. Ce projet fera l'objet d'un mémoire de maîtrise en sciences biomédicales (psychiatrie).

Quelle conduite clinique adopter avec ces enfants qui présentent un amalgame de symptômes d'origine difficilement identifiable, relevant aussi bien des sphères affective, motrice, cognitive, relationnelle et sociale que du développement de la personnalité? Comment faciliter l'actualisation de leur potentiel pour que ces enfants s'adaptent mieux à notre exigeant cadre social?

Qu'il s'agisse de dysharmonie du développement, de troubles d'apprentissage ou d'hyperactivité, doit-on se contenter de composer avec les symptômes ou peut-on intervenir sur le cours développemental en tentant d'influençer la maturation neurologique?

Pourrait-on miser sur la plasticité du système nerveux central, comme Jean Ayres l'a fait avec son approche d'intégration sensorielle? La proposition est intéressante, même s'il apparaît difficile d'évaluer et de traiter selon cette rigoureuse approche ces enfants peu collaborateurs avec troubles comportementaux et relationnels. La connaissance des processus normaux, pathologiques et thérapeutiques d'intégration sensorielle apporte toutefois un complément à la compréhension de la symptomatologie. Cette connaissance contribue aussi à l'élaboration d'outils thérapeutiques utilisés dans des modes d'intervention centrés sur la mobilisation de l'estime de soi, sur l'attribution causale, sur l'autocontrôle, sur les habiletés sociales et relationnelles. Il s'agira de corriger chez ces enfants la problématique motivationnelle que l'on sait maintenant centrale dans le trouble déficitaire de l'attention avec hyperactivité (TDAH)[1].

Nous prendrons d'abord connaissance des systèmes sensoriels et des processus d'intégration dans le développement, afin d'analyser la portée des déficits de cet ordre détectés chez une partie de la clientèle TDAH, puis nous aborderons finalement les caractéristiques de notre mode d'intervention dans son application actuelle et dans l'optique de projets cliniques en élaboration.

Systèmes sensoriels et processus d'intégration

La peau, limite du corps, constitue une barrière mais aussi un capteur d'informations sur les conditions environnementales[2]. Notre système tactile assume un rôle de protection qui nous prévient de la nocivité d'un stimulus. C'est un déclencheur des réactions de survie au même titre que les systèmes gustatifs et olfactifs, lorsqu'ils réagissent à un aliment ou à une odeur potentiellement dangereux. Par le système tactile discriminatif, nous explorons les stimuli sous leurs multiples aspects qualitatifs pour obtenir une connaissance descriptive de l'environnement.

Les récepteurs proprioceptifs qui nous informent notamment de la position de nos segments corporels et le système vestibulaire, régissant l'équilibre, combinent leurs effets pour nous donner plus de précisions sur nos mouvements et nos déplacements dans l'espace[3]. Cette connaissance de notre corps, en soi et en relation avec l'extérieur de soi, s'ajoutant à celle acquise par le biais tactile, constitue la base du schéma corporel[4]. Sur le plan visuel, une bonne acuité ne suffit pas; le contrôle oculo-moteur est essentiel au repérage et à la stabilisation de l'image pour que l'information visuelle devienne significative. Il en va de même pour le monde sonore. Ces connaissances permettent à l'individu de s'adapter et d'agir sur son environnement, grâce aux réflexes, aux automatismes et aux actes planifiés.

Le développement interrelié des systèmes sensoriels est à la base du processus normal d'intégration sensorielle[5]. Son évolution, de la vie intra-utérine jusqu'à la fin de l'enfance, permet l'acquisition des habiletés sensori-motrices et du schéma corporel; ce schéma interne est essentiel à la planification et à l'exécution précise et contrôlée de toute activité.

L'enfant ainsi outillé développera ses capacités cognitives et cheminera vers le raisonnement et l'abstraction. Puisqu'il est en contact avec l'environnement humain, ses expérimentations auront un impact sur l'évolution de ses habiletés relationnelles. Son vécu affectif influencera sa confiance en lui, son estime et son image de soi. Ainsi, les sphères motrices, cognitives, relationnelles et affectives reposent sur une base commune. Un processus thérapeutique visant à consolider une fondation ou un échafaudage défaillant favorisera donc l'actualisation du potentiel global de l'enfant.

Personne n'organise parfaitement l'information. Certains conservent par exemple une difficulté à différencier spontanément la droite de la gauche. Moins le cerveau intègre bien l'information, plus nous devons fournir d'effort. Nos sens captent de multiples stimuli provenant de notre environnement et de nous-même. Notre système neuro-sensoriel les reçoit, les sélectionne, les évalue, les associe et les interprète pour que nous puissions interagir et répondre aux sollicitations de façon appropriée. Puisque notre système nerveux est constamment bombardé d'informations, l'inhibition des stimuli parasites facilite le traitement des informations pertinentes en les mettant en relief[4]. Les gens heureux, productifs et bien coordonnés sont généralement ceux qui parviennent le mieux à organiser l'information[5].

Ce processus, habituellement automatique, fait souvent défaut chez l'enfant hyperactif; peut également nuire à sa vigilance une difficulté à recevoir et à répondre de façon spontanée à un registre étendu de stimuli. A l'école, l'intensité sonore, la luminosité, le manque d'aération, la présence des pairs et la trop grande proximité constituent des irritants dont les effets s'accumulent chez l'enfant ayant un déficit d'intégration sensorielle[5]. L'incapacité de filtrer l'information et d'en inhiber une partie l'oblige à composer avec tout ce qui jaillit de l'environnement et avec ce qui émerge des processus mentaux. Cette excitabilité provoque de la distraction, un manque d'attention, de l'agitation motrice et mentale, ou même une perte de contrôle [4].

Intégration et développement

Le bébé traite sur un mode analogique les sensations internes (viscérales ou végétatives) et les sensations provenant des soins maternels. Chaleur, douceur, enveloppement et mouvement procurent des informations tactiles et vestibulo-proprioceptives normalement perçues comme agréables et apaisantes. De par leur association avec des sensations internes de malaise ou de plénitude, il en découlera de l'inconfort ou un sentiment de bien-être et de sécurité. D'une part, l'irritabilité ou l'insécurité, nuisibles à l'établissement de la relation primaire, peuvent être liées à l'hypersensibilité tactile ou vestibulaire du bébé; le fait d'être touché ou soulevé est alors ressenti comme déplaisant, voire menaçant. D'autre part, la décourageante léthargie du bébé qui répond peu aux soins maternels peut venir d'une pauvre réceptivité qui l'empêche d'atteindre son seuil d'éveil.

C'est à partir de cette base, issue du lien entre le système neurovégétatif et le système neurosensoriel, que l'enfant aborde l'étape sensorimotrice. Le développement des compétences et des habiletés motrices évolue avec la maturation neurosensorielle. L'enfant discrimine et organise de mieux en mieux les stimuli et en vient à traiter l'information de façon analytique. Se sentant en contrôle d'un corps unifié et distinct de sa mère, il développe son identité et son image de soi. Conscient de son impact sur l'environnement, il accède à l'affirmation de soi et au développement de ses habiletés sociales. Mais qu'advient-il du développement intellectuel, social et personnel, lorsque les fondements sensorimoteurs ne sont pas adéquats? Comment évoluera l'enfant apathique incapable de s'ajuster en raison des sensations floues qu'il reçoit de son corps et de son environnement? Peut-être vers un trouble de l'attention sans hyperactivité. Quant à l'enfant agité, anxieux, souffrant d'une incapacité à gérer le bombardement de stimulations, deviendra-t-il hyperactif, impulsif, opposant, agressif?

Une hypersensibilité tactile, mal modulée, entraîne des réactions défensives[4]. L'enfant se sent facilement menacé: un toucher inattendu, par exemple, peut déclencher évitement, fuite, panique, excitation, impulsivité, ou encore agressivité, sans qu'une intentionnalité sous-tende son agir. Un déficit de la modulation sensorielle se manifestera chez un même enfant par des états se situant aux extrêmes du continuum variant entre l'hyporéactivité, pouvant aller jusqu'à la torpeur, et l'hyperréactivité (par exemple aux stimuli tactiles) suscitant agitation, impulsivité et anxiété. Ces extrêmes, où la distractibilité l'emporte sur l'attention, peuvent évoquer le concept de trouble de l'attention, avec ou sans hyperactivité.

Une pulsion innée rend tout enfant normal curieux et actif. Il se lance des défis de plus en plus complexes et persiste jusqu'à la réussite. Hyporéactif, l'enfant a besoin d'encouragement pour s'intéresser au jeu; s'ajustant mal, il n'éprouve ni plaisir ni satisfaction personnelle. Hyperréactif, sa curiosité et son impulsivité le font agir, mais rarement réussir. L'accumulation d'échecs rend inévitable l'étouffement de cette pulsion interne, source de motivation. Par ailleurs, l'incompétence ressentie s'avère néfaste pour le développement de l'image de soi. La frustration finit par éteindre les intérêts et par avoir une influence négative sur les conduites. L'enfant conscient de ses difficultés se confinera, par exemple, à explorer à l'intérieur de son champ de facilité et à faire la démonstration de ce qu'il maîtrise déjà afin de se valoriser. Puisque l'enfance constitue la période critique au cours de laquelle le cerveau est plus réceptif aux sensations et plus apte à les organiser[3], l'enfant qui ne sollicite pas ce processus n'actualise pas son plein potentiel. Une maturation neuro-sensorielle adéquate favorise la motivation, la capacité d'adaptation et la stabilité émotionnelle, l'anticipation et le jugement, l'établissement des relations significatives et l'ajustement aux règles sociales.

Les désordres neurosensoriels et leur impact en milieu scolaire

Prédispositions génétiques, toxines environnementales fragilisantes, anoxies, dysfonctions cérébrales minimes, sous-stimulation font partie des étiologies possibles des désordres neurosensoriels[5]. Ces désordres sont d'une nature différente des handicaps moteurs et sensoriels qui impliquent une atteinte de l'intégrité physique et physiologique. Les déficits causés par un désordre d'intégration sensorielle varient selon les systèmes impliqués et selon le moment d'émergence de l'entrave au processus. Plusieurs systèmes affectés en début de processus peuvent même entraîner des conséquences sur le développement de la personnalité. Par ailleurs, un trouble léger et tardif peut produire des symptômes dont l'origine sera difficile à détecter. Il en résulte des tableaux cliniques variés, fréquemment compliqués par d'autres éléments participant à la comorbidité.

Si certains jeunes ont été perturbés dès la petite enfance, d'autres ne présentent des difficultés que lors de stades ultérieurs. Oublis et distractions, craintes exagérées ou inconscience du danger, maladresses et manque d'habiletés au niveau de la motricité fine, course mal contrôlée et chutes fréquentes indiquent que le système nerveux intègre mal et réagit pauvrement aux situations environnementales. Des perturbations neurosensorielles viennent souvent affecter les habiletés perceptivo-motrices telles la coordination oeil-main pour l'écriture, le contrôle oculo-moteur pour la lecture, la perception et l'organisation visuo-spatiale pour les mathématiques. Faute de bases adéquates, les mécanismes d'apprentissage ne s'automatisent pas, nuisant ainsi à la progression des habiletés conceptuelles[5].

La démarcation entre l'enfant hyperactif et les autres, déjà manifeste dans ses intérêts ludiques, dans les défis qu'il se lance, dans sa façon de comprendre, d'agir et d'interagir, s'accentue dans ce nouveau contexte qu'est l'école. Des exigences nettement plus élevées et plus complexes, tant au niveau des performances qu'à celui des règles sociales, le confrontent à ses difficultés. Sa maladresse suscite le rire et son énergie débordante est jugée inadéquate dans le milieu scolaire, ce qui l'amène à perdre ses moyens de canalisation et d'ajustement social. Le fait qu'il soit parfois impulsif dans ses réactions, lent à s'ajuster aux situations, malhabile dans les contacts avec ses pairs et nuisible lors des jeux organisés contribue à son rejet[6]. La maladresse qu'il se reconnaissait déjà est exacerbée par la tension générée en lui par ce contexte surstimulant[3]. Son écriture est illisible et ses travaux malpropres. Contrôlant mal sa force, il brise sa mine ou perce sa feuille en effaçant. Ses manipulations laborieuses de l'aiguisoir et des ciseaux éprouvent sa tolérance. Détestant la sensation de la colle sur ses doigts, il s'acharne à s'en débarrasser au lieu d'investir dans son activité. Pour parvenir à demeurer assis, il doit penser à se contrôler, ce qui interfère avec sa capacité d'attention. Même en surinvestissant, l'enfant ne réussit pas à compléter sa tâche à l'intérieur du temps alloué. Frustration! Ses résultats ne sont pas à la hauteur des efforts déployés.

S'expliquant difficilement l'inefficacité de cet enfant qu'il juge par ailleurs doté d'un certain potentiel, son professeur aura tendance à attribuer celle-ci à des attitudes inadéquates. En l'encourageant à faire plus d'efforts pour réussir, il met davantage de pression. Une telle motivation externe, combinée à un ajustement de l'encadrement, pourrait révéler à l'enfant qu'il réussit mieux grâce aux autres, mais le laissera aux prises avec son profond sentiment d'incompétence.

L'évaluation

Le Sensory Integration and Praxis Tests (SIPT)[7] développé par Ayres en 1989 permet de spécifier les troubles d'intégration sensorielle. Il aide entre autres à la compréhension clinique des enfants de quatre à huit ans qui présentent des troubles légers ou modérés d'apprentissage, de comportement ou de développement[8]. Les processus tactiles et vestibulo-proprioceptifs, la perception visuelle et les habiletés praxiques ainsi que les interrelations entre ces éléments sont évalués selon un modèle neurobiologique et en fonction de leurs manifestations comportementales. Jugeant insuffisante la capacité d'attention de la majorité des enfants à évaluer, certains tests du SIPT étant particulièrement exigeants, nous recueillons les informations avec des tests révisés du «Southern California Sensory Integration Test»[9], avec le «Meeting Street School Screening Test»[10], le «Test of Visual-Perceptual Skills»[11] et le «Developmental Test of Visual Motor Integration»[12].

De plus, les observations cliniques permettent de poser un regard sur les réponses oculo-posturales de l'enfant, ses réactions défensives aux stimuli (surtout tactiles et vestibulaires), sa sécurité dans l'espace et le niveau de conscience qu'il a du danger[3]. L'analyse des problèmes révélés par l'évaluation, de ceux rencontrés au cours de l'histoire développementale, du fonctionnement cognitif et académique, des diagnostics médicaux et psychologiques, conduit à la compréhension du tableau clinique. Cette évaluation, qui porte non pas sur les performances mais sur la maturation du développement, aide l'équipe à poser le diagnostic différentiel, selon que sont ou non détectés des éléments neurosensoriels ayant des impacts sur la problématique des troubles déficitaires de l'attention.

L'intervention

Trouver et promouvoir des moyens thérapeutiques en vue d'actualiser le potentiel d'une clientèle pédopsychiatrique hétérogène à symptomatologie mixte s'est révélé un défi de taille, dans un contexte où les équipes traitantes réclamaient plutôt des programmes de réadaptation. Par l'expérimentation de thérapies individuelles à moyen terme, l'intervention ergothérapique a permis de découvrir que la spécialisation neurosensorielle présente un caractère thérapeutique spécifique. Ces thérapies, centrées sur la globalité de l'enfant et ajustées à ses besoins particuliers, l'invitaient à s'impliquer corps et âme dans le jeu. Elles ont servi de catalyseurs dans plusieurs plans de traitement psychiatrique; c'est pourquoi l'évolution de certains enfants, parmi lesquels Geneviève, Charles, Patrick, Sarah, Catherine, Mélissa et Eric, a contribué à mettre en relief le fait que la maturation neurologique peut être influencée dans un sens favorable au développement global de l'enfant.

Les principes sous-tendant l'intervention se sont progressivement précisés avec l'expérience clinique:

- ramener l'enfant à un mode relationnel dans lequel les sensations corporelles font émerger bien-être et sécurité;
- encourager l'exploration sensorimotrice en tant que source de plaisir;
- procurer une quantité accrue d'informations sensorielles dans une situation contrôlée propre à susciter des comportements adaptés;
- remettre l'enfant en contact avec sa pulsion innée à relever des défis;
- ajuster les exigences des défis pour que l'enfant ait à se surpasser toujours un peu plus et qu'il réussisse à donner des réponses adaptées satisfaisantes, lui évitant ainsi échec et frustration;
- supporter ses efforts à persister dans des entreprises plus complexes, tout en l'aidant de moins en moins[13].

Réussir peut avoir un effet valorisant même si la motivation provient d'une source externe. La participation active de l'enfant à des jeux significatifs pour lui et son enthousiasme témoignent du début de sa motivation intrinsèque; ainsi, l'enfant commence à s'attribuer sa réussite et en arrive à élargir l'éventail de ses intérêts[3]. L'exploitation du jeu sensorimoteur a pour effet de redémarrer la progression de son développement. Il acquiert davantage de contrôle sur son corps et développe son schéma corporel, sa coordination, son équilibre et ses autres compétences. Ses habiletés perceptivomotrices s'affinent lui procurant une base plus apte à faciliter ses apprentissages.

En situation thérapeutique, à travers une relation significative à caractère nourricier, l'enfant viendra chercher, pour les intégrer, les stimulations dont il a besoin; mais il est possible d'aller plus loin. Sa capacité relationnelle évolue, par la différenciation, vers une ouverture à la divergence. Il pourra vivre comme non menaçant le fait d'avoir une manière différente de réaliser une activité, avec des résultats reflétant une capacité propre. Il acceptera aussi d'aborder le jeu d'une nouvelle façon pour aller plus loin dans le défi. Il prendra conscience de ses erreurs, tirera profit de la critique constructive et repoussera ainsi ses limites. C'est dans la distance par rapport au thérapeute que se modifie l'image de soi et que se concrétise la réappropriation par l'enfant de la responsabilité de son évolution, moyen efficace de promouvoir par la suite l'actualisation de son potentiel en dehors de la relation thérapeutique.

Un travail parallèle avec les personnes significatives des différents milieux de vie de l'enfant est également essentiel à l'alimentation de sa motivation. L'ergothérapeute, par la mise en place d'une intervention de support auprès de la famille et de l'école, vise à éviter les situations déclenchant l'agitation et à faciliter la compréhension de la problématique[5], l'utilisation par l'enfant de ses nouvelles ressources et une meilleure intégration sociale.

Partant de l'investissement de soi dans la relation privilégiée, l'enfant acquiert une conscience accrue de l'autre, des attentes et des règles, aidé en ceci par une interprétation plus juste du monde environnant. Le cadre thérapeutique vise à diminuer son grand besoin de contrôle externe et à accroître sa capacitié d'autocontrôle. Pour améliorer ses habiletés sociales, l'enfant hyperactif devra développer son autocontrôle, son respect des structures et des règles établies, ainsi que sa capacité à tenir compte de l'autre dans ses choix. Développer la socialisation en facilitant les relations est un objectif déterminant pour prévenir le rejet qui représente une menace sérieuse pour ces enfants souvent marginalisés[14].

En plus de suivre ces principes thérapeutiques, l'intervention individuelle en ergothérapie auprès de l'enfant vise à améliorer sa modulation sensorielle et sa capacité d'attention, à lui faire apprivoiser la stimulation et en comprendre les effets pour en repousser le seuil critique, à faciliter sa détente et lui apprendre à se retirer avant d'être submergé par trop de stimulations. La thérapie de groupe offerte dans un deuxième temps confrontera l'enfant à des situations déclenchantes dans un milieu contrôlé et favorisera le développement de sa capacité à gérer de façon autonome des attitudes adéquates. Le fait de se reconnaître dans les agirs des autres enfants hyperactifs l'aidera à prendre conscience de son effet sur autrui et sur la vie de groupe. Cette prise de conscience deviendra à son tour source de motivation pour se contrôler.

Une thérapie combinant intégration sensorielle, motivation intrinsèque, estime de soi, habiletés sociales et contrôle de soi selon des modalités de groupe fera donc suite aux rencontres individuelles. Cette intervention, qui sera menée auprès de six enfants de cinq à sept ans, aura pour but de mieux les outiller aux niveaux relationnel, social et instrumental, en vue de leur intégration dans le milieu scolaire. Une intervention évaluative et thérapeutique contrôlée auprès de l'école est à l'étude à la Clinique d'hyperactivité. Parallèlement, les parents seront convoqués à dix sessions de groupe offertes par la travailleuse sociale et axées sur l'acquisition d'habiletés permettant de gérer efficacement les comportements disruptifs de l'enfant en s'aidant de techniques de renforcement positif.

Un suivi d'un an sera fait au cours de l'année subséquente et des services complémentaires seront offerts au besoin. Des mesures de l'intégration et de la modulation sensorielle, de l'attention et de l'impulsivité, des habiletés sociales et de l'estime de soi seront prises à certaines étapes et un an après la fin des interventions avec le concours de la psychologue de l'équipe.

Conclusion

L'expérimentation clinique auprès d'enfants hyperactifs présentant des déficits d'intégration sensorielle a permis de développer des modes d'intervention agissant sur la problématique motivationnelle et sur les habiletés sociales. Dans un contexte multimodal où se trouvent cernées toutes les dimensions contribuant aux troubles attentionnels, cette approche devrait être bénéfique aux enfants hyperactifs en général.

L'apport de formations, de lectures et d'échanges, l'intervention scolaire et familiale, mais surtout l'expérimentation clinique individuelle et de groupe ont ainsi fait évoluer ce mode d'intervention ergothérapique. Utilisée dans une clinique spécialisée à visée multimodale, cette approche se veut un outil de changement à la disposition du jeune enfant hyperactif, en lui ouvrant des avenues différentes de celles offertes par le concept d'adaptation. La remise en question et la spécification de cette approche ont suscité l'élaboration de projets de thérapie de groupe pour faire suite aux interventions individuelles. Au cours des années à venir, ces projets feront l'objet de recherches cliniques, tout comme les interventions complémentaires menées auprès des milieux familial et scolaire. ❖

Occupational therapy at he ADHD Clinic of Hôpital Rivière-des-Prairies is part of a multimodal approach which is essential to respond to all attentional disorders. Addressing such needs as motivation, self esteem, relational and social skills gives opportunity to the occupational therapist to make a new statement of therapy which also use sensory integration in a global perspective of maturation. Children from ages five to eight will receive individual services after which they will participate to a group as part of a multimodal approach.

Références

1. Barkley RA. **Attention deficit hyperactivity disorder: a handbook for diagnosis and treatment.** New York: Guilford Press, 1990.
2. Ayres AJ. **Sensory integration and learning disorders.** Los Angeles: Western Psychological Services, 1972.
3. Fisher AG, Murray EA, Bundy AC. **Sensory integration: theory and practice.** Philadelphia: FA. Davis, 1991.
4. Brasic Royeen C, Lane SJ. Tactile processing and sensory defensiveness. In: Fisher AG, Murray EA, Bundy AC. **Sensory integration: theory and practice.** Philadelphia: FA. Davis, 1991: 108-136.
5. Ayres AJ. **Sensory integration and the child.** Los Angeles: Western Psychological Services, 1979.
6. Pope AW, Bierman KL, Mumma GH. Relations between hyperactive and agressive behavior and peer relations at three elementary grade levels. **J Abnorm Child Psychol** 1989;17:253-267.
7. Ayres AJ. **Sensory integration and praxis tests.** Los Angeles: Western Psychological Services, 1989.
8. Ayres AJ, Marr DB. Sensory integration and praxis tests. In: Fisher AG, Murray EA, Bundy AC. **Sensory integration: theory and practice.** Philadelphia: FA. Davis, 1991: 203-233.
9. Ayres AJ. **Southern California Sensory Integration Test manual (revised 1980).** Los Angeles: Western Psychological Services, 1980.
10. Hainsworth PK, Siqueland ML. **Early identification of children with learning disabilities: the Meeting Street School Screening Test.** East Providence: Easter Seal Society for Crippled Children and Adults of Rhode Island, 1969.
11. Gardner MF. **Test of Visual-Perceptual Skills (non-motor).** San Francisco: Health Publ. Co., 1988.
12. Beery KE. **The VMI Developmental Test of Visual-Motor Integration.** Cleveland: Modern Curriculum Press, 1989.
13. Koomar JA, Bundy AC. The art and science of creating direct intervention from theory. In: Fisher AG, Murray EA, Bundy AC. **Sensory integration: theory and practice.** Philadelphia: FA. Davis, 1991: 251-317.
14. Goldstein S, Goldstein M. **Managing attention disorders in children: a guide for practitioners.** New York: John Wiley & Sons, 1990.

P.R.I.S.M.E. hiver 1992, vol. 3, no 2

Deux psychomotriciennes oeuvrant dans le milieu pédopsychiatrique partagent leur réflexion sur le traitement d'enfants qui présentent un Syndrome déficitaire de l'attention. Les auteures présentent leur analyse de la dynamique de ce syndrome et, par le biais d'une présentation de cas, discutent des objectifs, des modalités et des difficultés du traitement de ces enfants en psychomotricité.

THÉRAPIE PSYCHOMOTRICE ET SYNDROME DÉFICITAIRE DE L'ATTENTION

Johanne DURIVAGE
Hélène ROUSSEAU

Johanne **Durivage** est

thérapeute en

psychomotricité au

Département de psychiatrie

de l'Hôpital Sainte-Justine et

à l'Hôpital Maisonneuve-

Rosemont.

Hélène **Rousseau** est

orthopédagogue avec

spécialisation en

psychomotricité au

Département de psychiatrie

de l'Hôpital Sainte-Justine.

Elle est chargée de cours à

l'U.Q.A.M. au Département

de kinanthropologie.

La thérapie psychomotrice, issue des milieux pédopsychiatriques français au cours des années 60, est un projet d'intervention qui s'adresse à des pathologies d'origine socio-affective ou organique dont l'impact influence tout autant la vie relationnelle que le vécu corporel. Les dysfonctionnements neuromoteur et perceptivo-moteur sont les cibles de l'intervention psychomotrice éducative et rééducative. La thérapie psychomotrice a pour objet l'investissement libidinal positif de l'ensemble du corps statique ou dynamique (Ajuriaguerra et Marcelli, 1982)

Dans le domaine de la psychomotricité, le terme le plus utilisé jusqu'à nos jours pour décrire le Syndrome déficitaire de l'attention est celui d'instabilité psychomotrice. Le portrait de l'enfant instable est celui d'un enfant qui s'agite, qui dérange, qui épuise, qui étourdit et qui... inquiète. On note souvent, comme le dit Abramson, une «*oscillation de l'humeur entre une gaieté un peu tendue et une dépression d'ennui*». (Ajuriaguerra, 1971).

Le projet thérapeutique sera d'apprendre à l'enfant à s'arrêter, à se contrôler, à se concentrer. Cette approche devra se faire dans un lieu, dans un état d'esprit, dans un tout motivationnel qui sort du moule d'un simple apprentissage cognitif; la relation de confiance qui s'établira entre l'enfant et l'intervenant sera le sentier d'une relation possible.

Dans un premier temps, l'examen psychomoteur nous permettra:

- d'apprécier l'ensemble de l'état tonico-moteur du sujet
- de repérer une instabilité posturale et une réaction de prestance (attitudes guindées, exagérées)
- d'identifier le contexte psychique de son instabilité
- d'observer une émotivité envahissante: regard inquiet, sursauts, etc.
- de dépister certains signes légers d'organicité
- d'établir les possibilités neuromotrices du sujet
- de définir le statut de «l'image de soi».

Dans le cadre de l'intervention psychomotrice, le médium thérapeutique est le corps vécu, senti et représenté. Dans cette optique, le Syndrome du déficit de l'attention détermine une pathologie du corps vécu et/ou senti et représenté pour lequel l'expérience sensorimotrice se révèle impuissante à construire des représentations symboliques permanentes et rassurantes. A travers le mouvement, il nous faut fabriquer avec cet enfant la trame relationnelle propre à évoquer et rappeler la sécurité et la compétence du premier lien ou susceptible de réparer les blessures. Comme le souligne J. de Ajuriaguerra: «En clinique, l'étude ontogénétique de la motilité ne peut être comprise que si l'on suit la ligne évolutive depuis les mouvements incoordonnés jusqu'aux mouvements coordonnés ayant un but et à l'activité gestuelle de valeur symbolique impliquant un aspect figuratif ou opératif. L'évolution de l'enfant ne peut être séparée de celle de la sensori-motricité. Diffusion indifférenciée avec une réactivité globale au début, la motricité acquiert par la suite les valeurs de mode de contact et d'expression, d'exploration et d'utilisation.» (in Thiffault, 1982).

C'est cette réalité développementale que l'enfant porteur d'un Syndrome du déficit de l'attention avec hyperkinétisme évoque constamment. L'abondance des mouvements, l'inattention ou la fragilité de son attention évoquent l'immaturité du jeune enfant dans son mode d'exploration de l'environnement. Le jeune enfant se montre dépendant de son entourage immédiat, des différents objets qui l'habitent pour maintenir son état d'éveil. Il est totalement occupé au décodage des différents stimuli et à la reconnaissance de son entourage; il explore avidement, découvre à la fois le signifiant et le signifié ainsi que les schèmes nécessaires à cette exploration. Ainsi se construisent la mémoire et l'expérience qui seront le tremplin de ses acquisitions ultérieures: affectives, cognitives, motrices.

Chez l'enfant affecté d'un Syndrome déficitaire de l'attention, il nous semble que cettte avidité dans l'exploration de l'environnement ainsi que la dépendance face aux stimuli du milieu demeurent figées dans des modèles archaïques. Cet enfant apparaît répéter sans relâche des schèmes exploratoires qui ne construisent aucune mémoire: schèmes moteurs d'exploration, schèmes relationnels d'exploration dont l'enfant et le milieu sont victimes.

Quelle réalité neurologique dysfonctionnelle ou quelles angoisses peuvent expliquer cette répétition stérile? Quelles angoisses résultent de ce circuit fermé? *«Un jeu calme et tranquille demande que l'enfant puisse maintenir ses pulsions à distance. On observe bien ces perturbations formelles du jeu chez les enfants instables qui, en outre, se révèlent souvent incapables d'accepter la règle du jeu, c'est-à-dire en dernier ressort, sa dimension codifiée et symbolique».*(Ajuriaguerra et Marcelli, 1982). *«Les expériences corporelles constituent donc l'étayage sur lequel se bâtissent les rudiments de la vie psychique».*(Lebovici, 1984).

L'enfant qui nous est confié en psychomotricité a souvent acquis une expérience corporelle négative, il vit son corps de façon perturbée. A travers notre activité thérapeutique, nous tentons de redonner la parole au corps, en prenant l'enfant là où il est afin de donner un lieu, un sens à ce corps «agissant», un sens «relationnel». C'est la mise en place d'un contenant; et c'est là le champ spécifique de la psychomotricité.

S'éclairant des théories d'Anzieu et de Sami-Ali, *«nous appréhendons la genèse du contenant psychique à partir de l'expérience corporelle, nous nous référons à la genèse du moi-peau, ainsi qu'au corps propre comme schéma de représentation».*

La mère doit être perçue comme quelqu'un de constant, prévisible et pacifiant pour l'évolution normale de son enfant, sinon l'enfant risque d'utiliser son agitation motrice comme premier mécanisme de défense contre le sentiment d'abandon: *«la fusion apaisante avec l'objet d'identification primaire ne sera jamais acquise à cause du manque de confiance que l'enfant ressent vis-à-vis de sa mère.»* (Bion, 1962) Il nous est arrivé fréquemment au cours de notre expérience clinique d'établir un lien évident entre l'enfant hyperactf versus «l'enfant rejeté», voire «abandonné». Bouger, sauter, crier, c'est envoyer les choses vers l'extérieur, le danger est parfois trop grand de sentir le vide.

Dans certains cas, l'instabilité psychomotrice témoigne d'une lutte intense contre une angoisse profonde. Pour se défendre, pour se protéger, l'enfant s'agite, comble les vides, fuit la relation qui pourrait l'immobiliser; il se protège d'une angoisse qui peut être envahissante, d'une tristesse qui peut devenir présente, d'un sentiment «d'étrangeté» à lui-même qui est signe de souffrance pour lui-même et pour son entourage.

Le fond du problème reste le même: *«la différenciation des qualités psychiques (plaisir, souffrance, etc.) du sujet et de l'entourage ne s'effectue pas ou s'effectue à contretemps quant le sujet n'a pas pu vivre une période originelle où l'environnement a répondu à son plaisir par le plaisir, à sa douleur par l'apaisement, à son vide par le plein et à son morcellement par l'harmonisation».*(Anzieu, 1974).

L'enfant présentant un Syndrome du déficit de l'attention se «déplace dans un monde fixe alors qu'il est tout mouvement dans un monde haché et il présente une dyschronométrie par rapport à la continuité du monde ordonné.» A cet effet, S. Kiener (Ajuriaguerra, 1971) a observé quatre comportements réactionnels dans l'évolution de l'instabilité psychomotrice: l'opposition, la démission, l'auto-accusation et l'auto-punition. L'opposition semble la manifestation la plus fréquente: l'enfant désobéit, ne reste pas en place, ment, boude, etc. Nous observons ces quatre comportements chez plusieurs des enfants qui nous sont référés pour un Syndrome du déficit de l'attention.

Pour illustrer ces comportements, nous utiliserons l'observation clinique de Frédéric, un garçon de neuf ans qui nous est référé par le service de consultations d'un hôpital pédiatrique. L'enfant souffre de fibrose kystique diagnostiquée alors qu'il avait huit ans. L'équipe médicale traitante nous indique qu'ils n'ont jamais observé de corrélation entre le syndrome de fibrose kystique et le Syndrome du déficit de l'attention. Il s'agit d'un joli garçon au teint mulâtre, au corps longiligne et musclé. Frédéric papillonne devant nous dès la première rencontre.

A l'examen psychiatrique, on obtient les informations suivantes: le couple parental est marié depuis 17 ans, Frédéric est fils unique de la mère et deuxième fils du père (l'aîné des garçons est maintenant d'âge adulte et n'habite plus avec la famille). On note une mésentente du couple face aux attitudes éducatives envers leur fils. Pendant l'entrevue, le père est plutôt silencieux et retiré tandis que la mère prend une place importante au cours de l'entretien.

Frédéric, classé en 3e année régulière, présente des problèmes de socialisation, d'hyperanxiété et des traits carentiels, «il essaie d'acheter l'affection des autres» et en même temps, il provoque sans cesse le rejet.

Les motifs de consultation en psychomotricité sont les suivants: impulsivité motrice, troubles de socialisation. Lors de l'évaluation psychomotrice, nous observons une immaturité affective importante, une hyperanxiété, une capacité d'attention limitée. Aucune dysfonction neuro-motrice n'est apparente et le niveau d'habileté motrice est excellent.

L'anamnèse de l'enfant indique que les symptômes d'instabilité psychomotrice sont présents chez cet enfant depuis son tout jeune âge. Quelle incidence l'annonce d'une maladie chronique (FK) aura-t-elle sur la dynamique familiale et sur la nature des symptômes psychomoteurs de Frédéric?

Le problème de Frédéric «concerne le déficit de sa libido narcissique et les effets de la carence de son environnement primitif à assurer la satisfaction des besoins de son moi... ce qu'il n'a pas eu de sa mère quand quelqu'un d'autre lui donne, cela ne compte pas, c'est sa mère qui aurait dû le lui fournir». (Anzieu, 1974)

On recommande alors un groupe de thérapie psychomotrice pour Frédéric (5-6 enfants 1hre/semaine) et parallèlement un suivi parental (les parents n'ont pas donné suite à cette deuxième recommandation). L'intégration au groupe se fait difficilement, l'approche y sera plutôt éducative que thérapeutique.

Les objectifs d'ordre fonctionnel sont de favoriser un meilleur contrôle moteur (diminuer l'impulsivité) et sur le plan affectif, d'améliorer l'image de soi pour une meilleure socialisation. Tout au long de la prise en charge, on observe le maintien de l'impulsivité, de l'agressivité, un manque de tolérance face aux autres et à toute proximité de la part des enfants ou des deux thérapeutes. Frédéric partage difficilement l'adulte, tout particulièrement l'adulte masculin. Nous observons des sentiments de tristesse, une image de soi négative: «...*de toute façon, je ne suis qu'un petit diable.*»

Quand, dans le groupe, un autre garçon propose à Frédéric de jouer au ballon chasseur, il sera le seul à s'y opposer; le thérapeute suggère alors de partager le temps de la séance en deux. Frédéric propose un jeu de badminton, proposition acceptée par le groupe. Toutefois, durant le jeu de son choix, on observe que Frédéric réagit promptement à toute remarque même minime d'un autre enfant. Frédéric refuse de jouer, lance la raquette par terre, s'isole dans un coin ou sous une table et boude. Cela nous rappelle les comportements du jeune enfant face à la frustration. Frédéric devient alors le mauvais; il se frappe la tête pour se punir ou frappe le mur de ses poings. Si Frédéric revient au jeu, ce sera pour provoquer, faire peur à l'autre et chercher à se faire réprimander.

L'approche psychomotrice de groupe a pour objet de permettre à l'enfant de vivre une situation thérapeutique où la proximité avec l'autre n'est pas trop grande. L'enfant qui présente un Syndrome du déficit de l'attention supporte souvent mal dans un premier temps cette proximité physique et psychique. Toutefois, notre sujet Frédéric fait rapidement des tentatives de «couplage» dans le groupe, tentatives souvent malhabiles. Son comportement agité, ses attitudes posturales exagérées et son allure envahissante ont entraîné un rejet massif et constant.

Nos objectifs rééducatifs initiaux n'ont pu être réalisés durant les séances de traitement. Durant la thérapie psychomotrice de groupe, l'intolérance face aux autres est devenue de plus en plus perceptible; Frédéric vit toute interaction social de façon intrusive. Devant le constat des limites du cadre thérapeutique offert à l'enfant et à la famille (absentéisme des parents, omnipotence de l'égocentrisme et fragilité de Frédéric), les réflexions de l'équipe multidisciplinaire nous ont amenés à une orientation en thérapie psychomotrice individuelle. Dans ce contexte, l'importance sera de redonner place au corps, d'accueillir cette agitation psychomotrice avant de la contenir.

L'enfant sera appelé à construire le lieu thérapeutique: tous les objets sont dans l'armoire et y seront rangés à la fin de chaque séance. L'enfant aura à être actif et sélectif dans la recherche des objets de son exploration.

Dans les premiers temps, la réaction devant cet espace chez l'enfant atteint d'un Syndrome du déficit de l'attention est caractérisée par des sorties fréquentes de la salle: il veut aller «voir dehors» s'il y trouvera ce qui lui manque. Le thérapeute doit permettre à l'enfant d'investir peu à peu la réalité de cet espace vide, puis favoriser chez lui l'émergence d'une capacité à structurer et construire à l'intérieur ce vacuum. Dans ce but, il nous faut soutenir chez l'enfant l'émergence d'un sentiment de compétence à créer des effets, à se nourrir de ses projets.

Cet investissement est déterminant pour l'évolution thérapeutique puisqu'il s'adresse directement à l'axe motivationnel. L'interaction de l'enfant hyperactif avec l'environnement est avant tout un processus d'adaptation assimilatoire. Il répète inlassablement les schèmes antérieures d'interaction, tant dans les domaines cognitif qu'affectif. Il multiplie les objets de son exploration parce qu'il est limité dans ses modalités exploratoires, le processus d'accommodation étant peu requis.

C'est ce processus qui est sollicité par un espace à construire: l'enfant devra devenir le maître d'oeuvre du lieu thérapeutique et trouver dans le vacuum relatif de la salle de psychomotricité un frein à l'exploration débridée et une obligation d'élaborer de nouveaux schèmes. Construire l'espace thérapeutique psychomoteur, c'est pour l'enfant hyperactif se choisir des objets d'identification et d'opération affective et cognitive, bien que cette entreprise de maturation soit réalisée souvent au travers d'une motricité dysfonctionnelle, impulsive, faite d'explosions cinétiques, de tensions parasites, sources d'un sentiment d'incompétence prévalent.

Nous nous rappelons un petit garçon de six ans à l'intelligence vive, qui me décrivait son hyperactivité comme «un moteur en-dedans qui n'arrête pas, moi je voudrais bien arrêter mais ça marche tout le temps». Le garçon présentait une maladresse motrice importante et des difficultés d'attention constantes. Il habitait une île du golfe Saint-Laurent, dans un milieu ouvert sur la nature. Il préférait les jeux dans la forêt: il allait derrière chez lui, dans un sous-bois qu'il connaissait bien, se choisissait de petits arbres morts qu'il s'amusait à faire tomber à grands renforts de cris et d'une mise en scène élaborée à l'intention de ses amis: «mes amis, ils ne savent pas que je choisis les arbres!»

Ce garçon avait réussi à développer avec l'espace une relation qui lui permettait une exploration ludique déterminant chez lui un sentiment de compétence tant dans le domaine moteur que social. (Certains enfants se perdent dans la forêt tandis que lui s'y est construit des repères apaisants.) C'est ce modèle adaptatif que la thérapie psychomotrice tente de susciter chez l'enfant atteint d'un Syndrome de déficit de l'attention: favoriser la reconnaissance de sa compétence tout en lui permettant de renoncer à l'illusion de sa toute-puissance.

Pour que ce deuil soit tolérable, le psychomotricien partagera le plaisir et le déplaisir, ce que nous rappelle D. Anzieu lorsqu'il nous parle de la «différenciation des plaisirs psychiques». La psychomotricité offre à l'enfant une compensation aux manques au corps vécus dans sa relation première. Nous accueillons l'enfant à travers ses modulations toniques, dans l'immédiateté de sa gestualité à laquelle il faut donner un sens. Nous tentons de partager le plaisir dans la complicité tonique.

C'est à ce corps qui bouge que nous nous adressons, désirant remédier à un sentiment d'étrangeté. Pour que le plaisir existe, il faut une porte d'entrée à la réussite, à l'acceptation de soi.

Nous accueillons cet enfant en créant un lien affectif positif, en favorisant une structure intérieure et en suscitant une relation aux objets. L'objet deviendra médiateur de la relation à l'autre, de la relation à soi (corps-mouvement) et de la relation à l'environnement (espace temps) (Poncet et Koch, 1981).

Comment être accepté dans ce corps qui bouge tout le temps, dans ce corps dérangeant?

Nous offrons à cet enfant la permission de bouger, nous lui fournissons un lieu et un espace de plaisir. Nous suscitons par le plaisir, (jouer, bouger) le désir d'exister, d'être bon, d'avoir des réussites et de transiger avec les autres: le désir de grandir. ❖

Two psychomotor therapists working in child psychiatry share their clinical experiences in the treatment of children suffering from Attention Deficit Disorders. The authors expand their analysis of that syndrome and, through a case study, discuss the objectives, means and limitations of the pyschomotor treatment of those children.

Références

Ajuriaguerra J de. **Manuel de psychiatrie de l'enfant.** Paris: Masson, 1971.

Ajuriaguerra J de, Marcelli D. **Psychopathologie de l'enfant.** Paris: Masson, 1982.

Anzieu D. L'enveloppe sonore du soi. **Nouv Rev Psychanal** 1974;9:195-208.

Anzieu D. **Le moi-peau.** Paris: Dunod, 1985.

Bion W. **Aux sources de l'expérience.** Paris: Presses universitaires de France, 1962.

Gagné PP. **L'hyperactivité: problématique et stratégies d'intervention.** Montréal: Conseil québécois pour l'enfance et la jeunesse (CQEJ), 1988.

Kiener S. In: Ajuriaguerra J de. **Manuel de psychiatrie de l'enfant.** Paris: Masson, 1971.

Lebovici S. Corps à corps ou tête à corps. **Information Psychiatrique** 1984;60(8):879-886.

Poncet S, Koch F. Présentation au Congrès de psychomotricité et psychanalyse, Bordeaux, mars 1981 (non publié).

Sami-Ali **Corps réel, corps imaginaire.** Paris: Dunod, 1984.

Thiffault J. **Les enfants hyperactifs: les deux visages de l'hyperactivité.** Montréal: Québec-Amérique, 1982.

Le docteur Robert Dubé est pédiatre spécialisé dans le domaine du développement de l'enfant. Il a fondé la Clinique d'évaluation des troubles d'apprentissage et des difficultés scolaires et est responsable médical du Centre de développement de l'enfant à l'Hôpital Sainte-Justine. Professeur adjoint à la Faculté de médecine de l'Université de Montréal, il est très engagé dans la formation des intervenants. Ses champs d'intérêt sont nombreux et touchent les domaines des troubles d'apprentissage, de l'hyperactivité et, plus généralement, des problèmes que l'enfant peut rencontrer au cours de son développement. Il vient de publier «Hyperactivité et déficit d'attention chez l'enfant» chez Gaétan Morin.

ENTREVUE AVEC

Robert DUBÉ

par Philippe ROBAEY

P.R.I.S.M.E.: Dr Dubé, vous travaillez depuis bientôt 10 ans avec des enfants hyperactifs; comment cet intérêt s'est-il développé chez vous?

Dr Dubé: Je me suis intéressé à ce domaine au début des années 80 à la suite d'un voyage d'études en France où nous avions évalué des enfants de cinq ans qui avaient souffert de problèmes neurologiques transitoires durant leur première année de vie. On s'attendait à ce qu'un certain nombre d'enfants de ce groupe soient hyperactifs, mais finalement nous n'en avons pas trouvé, sauf un. Il s'agissait de vérifier si des antécédents neurologiques périnataux peuvent prédisposer l'enfant à des troubles de comportement, dont l'hyperactivité.

De retour ici, j'ai travaillé comme pédiatre général, puis j'ai mis sur pied une clinique d'évaluation des troubles d'apprentissage où l'on retrouve principalement des enfants qui souffrent de déficit d'attention et d'hyperactivité, ce qui diminue leur rendement et perturbe leur cheminement scolaire. Je suis donc allé chercher un complément de formation en ce qui a trait à l'évaluation plus formelle de ces troubles.

P.R.I.S.M.E.: Pourriez-vous retracer l'évolution des idées en Amérique du Nord par rapport à ce problème et au traitement de ces enfants?

Dr Dubé: Chose assez surprenante, il n'y a pas eu tant d'évolution dans les traitements comme tels mais plutôt des formulations différentes; on a formalisé, donné des noms, par exemple «thérapie cognitive», à ce qui se faisait de façon plus ou moins spontanée antérieurement. J'ai retrouvé par ailleurs dans des écrits des années 30 des affirmations que n'importe quel chercheur ferait encore aujourd'hui. En fait, les traitements ont varié en fonction des changements survenus dans la perception du problème.

Une constante observée par contre, c'est l'usage des stimulants, mais avec des variations, i.e. que le traitement était très populaire à certaines époques, qu'il est tombé en défaveur à d'autres, pour revenir ensuite. Il y a toujours eu un certain mouvement de balancier autour des stimulants, mais je ne pense pas que les gens remettent en question leur pertinence ou leur utilité.

Pour ce qui est des autres formes de traitement, qu'il s'agisse de thérapies comportementales ou cognitives, elles ont toujours existé mais sous des appellations différentes. Il faut dire que ce qui a disparu par contre et heureusement, ce sont les thérapies comportementales où on essayait strictement de conditionner l'enfant. Pour donner le plus bel exemple de ceci, on s'était dit: les enfants sont facilement distraits et dispersés, coupons les stimuli. On les mettait donc dans des isoloirs. Malgré la diminution des bruits, on s'est bien aperçu que ça n'avait aucune efficacité: même enfermé, l'enfant se stimulait lui-même ou était à la recherhe de distracteurs.

Les thérapies cognitives sont apparues pour leur part au début des années 80, en même temps que les appellations du syndrome ont changé dans le DSM-III. D'une approche essentiellement neurologique, on est passé à une approche davantage cognitive où il s'agit d'amener l'enfant à cheminer à travers les étapes d'un acte d'apprentissage en lui faisant développer davantage de réflexivité et en l'amenant par l'objectivation verbale à faire retour sur sa démarche d'apprentissage. C'est tout à fait logique comme approche, même s'il n'est pas toujours possible d'en mesurer les effets bénéfiques et qu'en termes de résultats, ceux-ci ne semblent pas persister, une fois la thérapie finie. La logique de l'intervention est tout de même bonne et il existe plusieurs programmes inspirés des thérapies cognitives proposées par Virginia Douglas. Cette thérapie m'apparaît essentielle mais en sachant bien qu'il y a des enfants qui ne répondent pas du tout à ce type d'approche, parce qu'ils ne sont même pas assez attentifs pour accéder à un minimum d'objectivation verbale.

Un autre progrès, en termes d'intervention, vient du fait qu'on tient davantage compte du niveau de développement de l'enfant: on ne demande pas la même chose à un enfant de 7 ans qu'à un de 10 ans. Les cliniciens qui utilisaient les stimulants comme le Ritalin se sont aperçus qu'une meilleure qualité d'attention existait autour de l'âge de 10 ans et que le sevrage de médicament pouvait commencer à cet âge, tout en favorisant chez l'enfant des mécanismes d'autocontrôle. Le fait de tenir compte de l'aspect développemental dans l'hyperactivité et les déficits d'attention a donc permis dans les années 80 d'améliorer et de raffiner l'intervention auprès de ces enfants.

Il faut aussi ajouter qu'en plus de ceci, toutes sortes de thérapies sont apparues, des thérapies basées sur certains produits, des thérapies d'élimination ou portant sur la diète (avec certains types de vitamines). Ces approches que j'appellerais parallèles n'ont pas reçu l'aval scientifique, du moins par des recherches bien structurées, même pour les plus connues comme la diète de Feingold.

Dans ce domaine rempli d'impondérables où l'on se trouve confronté aux croyances des gens à l'endroit de certaines thérapies, qu'il s'agisse de la relaxation, du biofeedback, ou d'autres, je dirais qu'à peu près tout a été essayé: le tamisage de la lumière dans les classes, la peinture de couleurs différentes, etc. L'imagination humaine est sans limites quand il s'agit de proposer des solutions.

P.R.I.S.M.E.: A propos de ces solutions et des idées répandues dans le public, y en a-t-il à dénoncer ou à démystifier, selon vous?

Dr Dubé: Je suis partisan, non pas d'attaquer les convictions des gens - je ne peux pas prouver que c'est néfaste ni bon - mais de les informer, et sans remettre en question leurs valeurs pour qu'ils puissent prendre eux-mêmes leur décision. Je pense que le clinicien

doit savoir ce qui se fait pour être en mesure de mieux informer les parents mais aussi pour pondérer ses propres interventions en fonction de ces approches qui ne viennent pas nécessairement déranger mais qui s'inscrivent en parallèle à celles qu'il propose et qui peuvent parfois créer de la confusion.

P.R.I.S.M.E.: Parmi ces traitements parallèles, est-ce que ce sont ceux relatifs à l'alimentation et aux diètes qui ont le plus d'écoute dans le milieu?

Dr Dubé: Actuellement oui, ce sont ceux qui ont été le plus popularisés en Amérique du Nord.

P.R.I.S.M.E.: Avez-vous une explication?

Dr Dubé: Non, et je pense que personne n'a de réponse définitive, mais ce que j'ai remarqué en faisant l'historique, c'est le nombre de phénomènes circonstanciels en jeu dans la problématique de l'hyperactivité, le fait que plusieurs facteurs interviennent en même temps. Par exemple, la diète de Feingold est arrivée sur le marché au moment où l'utilisation du Ritalin posait problème aux Etats-Unis. Il y a eu un scandale dans la région d'Omaha; on a dit que près de 10% des enfants étaient sous Ritalin, ce qui n'était pas exact, il ne s'agissait que d'une école. La chose a pris des proportions considérables, un comité sénatorial a été mis sur pied pour étudier la question. Un

Ce qui pose souvent problème, c'est la démarche suivie pour prescrire les psychostimulants.

allergiste a alors dit: le problème, c'est l'alimentation. Les gens se sont lancés, et même parmi des cliniciens sérieux. Je pense que l'alimentation a un effet sur le comportement; selon les produits qu'on ingère, il peut s'ensuivre des modifications de comportement. Mais de là à établir un lien spécifique de cause à effet, c'est ici que j'ai des réserves.

Dans les années 80, 90, l'émergence des thérapies alternatives a aussi joué un rôle très important, en réaction au milieu médical très technologique. On n'arrête plus de le dire. Les comités d'études sur les pratiques alternatives vont dans le même sens; il y a un intérêt pour se réapproprier le contrôle de sa propre santé. Cependant, on remplace la même chose avec la même chose, et sans modifier le concept de maladie pour autant. Les gens traitent l'hyperactivité avec des granules homéopathiques, au même titre que le médecin qui donne du Ritalin. L'état d'esprit n'a pas changé, il s'agit du même besoin de donner quelque chose au patient. Ce que je dis, c'est qu'il n'est pas nécessaire de donner une médication dans tous les cas, à certains enfants, oui, mais à d'autres, on devrait peut-être ne rien donner. Cela dit, je ne partirai certainement pas en guerre ou en croisade contre les thérapies alternatives. Ce que je surveille, c'est que ce ne soit pas dangereux pour la santé de l'enfant.

P.R.I.S.M.E.: A propos des psychostimulants, outre ces vagues cycliques et l'effet de mode, que peut-on dire de leur utilisation dans la pratique quotidienne?

Dr Dubé: Je pense que les stimulants auront toujours leur place dans le traitement de l'hyperactivité. Il ne faut pas se leurrer: c'est l'intervention qui donne le meilleur résultat à court terme, le plus facilement observable, et qui se traduit par des effets réels dans 70 à 80% des cas d'enfants agités ou inattentifs.

Mais il ne faut pas croire non plus que les stimulants peuvent régler tous les problèmes. Je pense que c'est là la pierre d'achoppement et ce qui a créé un déséquilibre par rapport à la médication. La population qui voit la prescription de stimulants comme automatique - suite à un examen de 20 minutes où on parle un peu du problème et d'où l'enfant sort avec une prescription - réagit beaucoup devant cette façon de procéder et les chances sont que les gens refusent encore davantage le Ritalin. Par contre, si la prescription est bien expliquée, autant dans ses effets bénéfiques que ses effets secondaires (qui sont peu fréquents), les parents sont à même d'en comprendre le rationnel.

Naturellement, ce qu'on souhaiterait tous comme cliniciens, c'est de trouver les cas qui vont le mieux répondre à la médication. Il y a des enfants qui répondent d'une façon superbe, ce qui change de façon importante leur rendement scolaire. On voudrait avoir les marqueurs ou les prédicteurs qui permettent d'identifier ces enfants, car ce n'est pas toujours évident.

Je fais toujours un calcul coût-bénéfices quand je prescris. C'est un travail assez long à faire avec les parents, la mode actuellement étant plutôt contre l'usage des stimulants. Il y a toutes sortes de pressions qui s'exercent: par exemple, les parents sont contre mais l'école en veut, ou les parents sont d'accord mais l'école ne veut pas. Ceci crée un déséquilibre et perturbe l'effet du médicament qui est alors plus difficile d'évaluer. Si par exemple un enseignant est contre, il n'observera pas les comportements qui sont améliorés chez l'enfant; ce sont des réalités avec lesquelles il faut travailler tous les jours.

P.R.I.S.M.E.: Y a-t-il des abus, pensez-vous qu'il y en ait vraiment eus?

Dr Dubé: Je sais que dans certaines classes spéciales, près de la moitié des enfants sont sous stimulants, ça m'apparaît un peu excessif. En même temps, je ne peux vérifier si tous les enfants présentant le même problème ont été concentrés dans la même classe; à ce moment, le risque de retrouver plusieurs enfants sous médication est plus élevé.

Mais ce que les gens reprochent en général, c'est d'être laissés à eux-mêmes avec la médication, de ne pas être bien encadrés et suivis. Il y en a bien sûr qui sont contre toute pilule, mais c'est davantage la manière de prescrire le Ritalin et le manque de suivi, surtout ce reproche qui est fait.

> *On souhaiterait comme cliniciens connaître les marqueurs pouvant identifier les enfants qui vont le mieux répondre à la médication.*

P.R.I.S.M.E.: Donc, on ne devrait plus prescrire uniquement mais proposer en même temps d'autres interventions?

Dr Dubé: D'après moi, oui. L'expérience m'a montré qu'on avait un bien meilleur rendement quand le stimulant était intégré à une stratégie d'intervention. Nous avons l'habitude d'établir d'abord un plan d'intervention à l'école, parce que l'intervention se fait surtout là, et d'introduire la médication dans un deuxième temps pour amener les gens à réaliser les différences en termes de comportement. Commencer une thérapie cognitive en même temps que donner des stimulants et en même temps une thérapie comportementale fait qu'à un moment donné, on ne sait plus ce qui marche et il est plus difficile de convaincre les gens de ce qui va bien et de ce qui ne va pas. Ceci étant dit, certains enfants reçoivent dès leur première visite une prescription de Ritalin parce que c'est trop évident, mais ce n'est pas fréquent.

P.R.I.S.M.E.: Vous parlez d'une association avec une autre forme de thérapie?

Dr Dubé: Oui, et la forme la plus courante dans la majorité des cas est le counselling aux parents et au milieu scolaire en ce qui a trait à l'hyperactivité, indépendamment du fait de proposer une thérapie comportementale ou cognitive. Une fois les parents bien informés de la nature du problème, des forces et des faiblesses de l'enfant, de sa capacité à s'adapter ou non, une fois l'école au courant de ce que les parents pensent et vice versa, et aussi de l'évaluation faite par le milieu clinique, quand une bonne communication entre tous les intervenants a pu s'établir, c'est curieux comme on peut obtenir une amélioration importante.

En fait, on doit arriver à changer la perception du problème qui reste réel pour l'enfant, mais en lui enlevant ce que j'appelle sa plus value, i.e. tous les aspects d'inconfort, d'inquiétude et d'incertitude qui y sont liés, le fait, par exemple, de parents qui ont des doutes sur le potentiel intellectuel de l'enfant ou sur leurs capacités parentales, ou encore, de l'école qui accuse les parents, ou des parents qui accusent les enseignants d'être incompétents, etc. Une fois ces questions élaguées, on voit davantage l'enfant à l'état pur et c'est déjà plus facile d'intervenir. Il est important aussi de transmettre le message d'accepter l'enfant tel qu'il est; en dehors de quelques enfants qui répondent de façon miraculeuse au Ritalin ou à d'autres stimulants, on ne peut changer l'enfant, il a sa personnalité et ses variations de comportement.

P.R.I.S.M.E.: A part la guidance parentale, il y a un autre concept travaillé en ce moment, surtout en recherche, qu'on appelle le traitement multimodal où se trouve associées plusieurs interventions, aussi bien sur le plan cognitif que par rapport aux compétences sociales et à la guidance des parents. Que pensez-vous de cet abord?

Dr Dubé: Nous avons l'impression de faire du multimodal même si ce n'est pas structuré comme tel. Les approches multimodales sont apparues au début des années 80 et le principe de base apparaît clair: même s'il peut arriver que, pour un enfant, une intervention très pointue fonctionne très bien, en général, il faut agir à plusieurs niveaux et sous différentes formes. La définition de la thérapie multimodale varie selon les auteurs, selon les centres et la disponibilité des intervenants, mais ce qu'il faut retenir, c'est le principe d'une intervention souple qui rejoint tous les partenaires du problème.

P.R.I.S.M.E.: En marge de ceci, que pensez-vous des collègues pédiatres et psychiatres notamment du continent européen qui réagissent toujours passionnément et souvent très négativement quand ils apprennent que les psychostimulants sont prescrits aux Etats-Unis?

Dr Dubé: Il y a un problème culturel dans l'utilisation des stimulants et des différences très marquées entre les continents européen et nord-américain et je me suis toujours interrogé sur le pourquoi de telles différences. Par ailleurs, il se trouve des domaines où on donnait ici peu de médicaments alors qu'ils étaient fortement utilisés en Europe. Je pense qu'on ne pourra jamais enlever les différences culturelles. Si on travaillait en France dans le domaine, on le ferait probablement sans nécessairement recourir à la médication, et par contre, si un médecin français venait pratiquer ici, il utiliserait la médication à cause du contexte.

Ceci ne veut pas dire que l'un ait tort et l'autre raison. Je pense que les deux ont raison, ce sont des approches thérapeutiques qui visent le même but mais par des moyens différents. J'aimerais par ailleurs vérifier si, en France, on n'utilise pas d'autres types de médicaments pour ce problème; j'ai eu quelques indications à l'effet qu'on utilisait une médication que je serais réticent à utiliser, les antidépresseurs, par exemple.

P.R.I.S.M.E.: En reprenant quelques idées de votre livre, surtout à propos de ce que vous appelez l'approche globale, vous avez développé toute une réflexion sur l'école, la structure scolaire, les institutions dans lesquelles vivent nos enfants la plupart du temps et où le syndrome d'hyperactivité est le plus gênant. C'est finalement à cause de l'hyperactivité et de ses conséquences en milieu scolaire qu'on voit ces enfants?

Dr Dubé: Oui, parce qu'ils dérangent un fonctionnement institutionnel. Le grand drame de l'école, c'est d'être prise avec un problème structuré de façon médicale, avec des caractéristiques dites pathologiques qui doivent être prises en charge dans un milieu qui n'est pas un hôpital, donc, par des gens qui ont une façon de

On obtient un bien meilleur rendement quand la médication est intégrée à une stratégie d'intervention.

penser autre que celle du milieu de la santé. Ce n'est pas un défaut mais cela crée des discordances. Il faut voir que le diagnostic est fait à l'extérieur alors que l'enfant pose problème à l'intérieur de l'école, et c'est là que s'affrontent le milieu médical et celui de l'éducation.

En fait, le milieu médical n'est peut-être pas assez sensible à la structure scolaire dans laquelle l'enfant se trouve, et la structure scolaire, assez sensible à la nature du problème présenté par l'enfant. Je dirais que notre travail consiste dans la plupart des cas à rajuster les perceptions de l'un et de l'autre milieu, i.e. à traduire en termes éducatifs ce que signifie le problème de l'enfant et, pour nous, à comprendre en termes de santé mentale les symptômes qu'il peut présenter à l'école, en tenant compte de la réalité scolaire (le fait que l'enfant soit dans un groupe, avec des activités d'apprentissage formel).

Là où les conflits sont encore plus évidents, c'est au niveau de la médication. On demande par exemple au milieu médical de faire le diagnostic, et si la médication est envisagée, elle peut être manipulée; le professeur peut dire oui ou non, et le monitoring est alors fait par des gens qui n'en veulent pas ou qui n'ont pas l'expertise voulue.

Il est essentiel selon moi qu'il y ait une rencontre des deux milieux pour harmoniser l'intervention. Je ne tiens pas à ce que les gens à l'école modifient ma prescription, et en même temps, j'espère que l'école s'attend à ce que je tienne compte de leur réalité. Parce qu'il n'y a pas qu'une réalité scolaire, il y en a plusieurs, selon le type de commission scolaire, d'école, selon le nombre d'enfants dans l'école, la classe, etc. Il faut que le clinicien tienne compte de ces paramètres, la clé du problème est d'assurer une bonne communication avec l'école, c'est la pierre angulaire en fait de l'intervention. Nous avons souvent des entrevues d'interprétation avec les parents pour expliquer le problème et une liaison avec l'école pour bien expliquer aussi, et nous assurons le suivi entre les trois partenaires.

P.R.I.S.M.E.: Comment présentez-vous le problème à l'école et aux enseignants, que voudriez-vous faire comprendre, de manière générale?

Dr Dubé: Il faut d'abord expliquer les caractéristiques du problème de l'enfant. Les gens du milieu scolaire ont toutes sortes d'idées au sujet de l'hyperactivité; ils sont soumis aux media comme tout le monde, ils ont aussi leurs préjugés, en plus de leurs propres expériences. On doit leur donner une information la plus juste possible, en mettant en relation le problème de l'enfant et la façon dont le professeur ou l'organisation scolaire peut réagir. Il est important d'insister pour les amener à ne pas stigmatiser l'enfant, le voir comme un cas, mais plutôt comme un enfant ayant entre autres un problème d'agitation ou de déficit d'attention mais qui reste un enfant quand même.

Ce qui est aussi curieux, c'est qu'on retrouve souvent à l'école des attitudes encore plus médicales que celles qui existent à l'intérieur du milieu médical. On veut absolument inscrire l'enfant dans un contexte de maladie, si bien que s'il manifeste de la colère ou quelque autre émotion, toute l'interprétation de son comportement sera faite en fonction de son étiquette. Ceci est dangereux dans la vie de tous les jours, ces enfants-là risquent de devenir les moutons noirs de l'école et dès qu'un mauvais coup se produit, d'être identifiés comme agents provocateurs, alors que ce n'est pas nécessairement le cas. En fait, il y a des enfants qui présentent un problème nettement pathologique mais il y a aussi bien des enfants qui ont un trouble de développement qui se manifeste entre autres par de l'agitation et qui peut varier et s'améliorer avec le temps; c'est ça que l'école doit comprendre.

P.R.I.S.M.E.: Y aurait-il un travail à faire dans l'organisation de l'école, des horaires ou des méthodes pédagogiques, ou encore, au niveau de la formation des enseignants?

Dr Dubé: Je pense qu'on a beaucoup réfléchi sur la structure scolaire, sur ce qu'est la meilleure classe possible pour des enfants hyperactifs. Certains disent qu'il faut six, huit élèves tout au plus par groupe; je crois que ce n'est pas uniquement une question de nombre. Surtout, je trouve que le milieu scolaire tout comme le milieu médical manque de souplesse à l'endroit de ces enfants-là. Effectivement, il y a des enfants qui ne peuvent travailler de façon optimale plus de 30 minutes et il faudrait pouvoir moduler les horaires ou les contenus de travail, ou encore leur permettre de s'isoler pour faire certaines tâches ou passer des examens. Ceci demande de la souplesse, et c'est également vrai pour d'autres problèmes, tels que les troubles d'apprentissage ou d'autres types de troubles de conduite.

P.R.I.S.M.E.: La solution serait-elle de regrouper ces enfants?

Dr Dubé: Je n'en suis pas convaincu, mais je reconnais que certains enfants sont tellement dérangeants qu'ils ne peuvent fonctionner dans un groupe régulier. Je favorise spontanément l'intégration, mais je ne pense pas pour autant qu'on doive éliminer les classes spéciales. Il faut toujours garder en tête une politique d'intégration, même si l'intégration à tout prix pose aussi problème.

P.R.I.S.M.E.: En terminant, les enfants hyperactifs sont-ils selon vous des enfants comme les autres?

Dr Dubé: Tout à fait. Ils ont simplement des réactions plus excessives et ils sont plus explosifs. Les variations dans leurs comportements sont beaucoup plus importantes et parfois plus imprévisibles; ils sont à la fois plus tristes mais aussi plus heureux. Ils éprouvent des difficultés à moduler leur comportement, et comme les nouvelles théories semblent le confirmer, à intégrer les règles de conduite, tant au plan neuromoteur que cognitif qu'au niveau des interactions sociales. Va-t-on découvrir un problème au niveau d'un système de freinage, au plan biochimique? C'est possible. Je reste quand même persuadé que ce sont des enfants qui sont plutôt comme les autres mais avec des variations importantes par rapport à la normale.

Dr. Robert Dubé is a pediatrist with a specialization in child development. He has founded the Clinic for the Evaluation of Learning Difficulties and is in charge of the Developmental Clinic in Ste. Justine Hospital. Associate Professor at the Faculty of Medicine of the University of Montreal, his fields of interest are numerous: maltreatment and sexual abuse, learning disabilities and hyperactivity and, more generally, developmental pediatrics. He has recently published a book: «Hyperactivité et déficit d'attention chez l'enfant».

Normand CARREY, Sheik HOSENBOCUS
psychiatres

LES PSYCHOSTIMULANTS
CHEZ L'ENFANT D'AGE PRÉSCOLAIRE

Le sujet de notre deuxième chronique concerne l'utilisation des psychostimulants dans le cas de troubles de l'attention avec hyperactivité (TDAH) chez les enfants d'âge pré-scolaire (2-5 ans).

Cette pratique fait l'objet de controverses pour plusieurs raisons: 1) Les parents et les professionnels se montrent souvent réticents à engager un enfant en bas âge dans un traitement pharmacologique; 2) Il n'est pas toujours facile non plus de faire la distinction entre certains symptômes du TDAH et des manifestations qui relèvent du développement normal de l'enfant et 3). Il existe peu d'études concluantes sur l'impact des stimulants lorsque administrés à ce groupe d'âge.

Nous savons que l'âge moyen d'apparition des symptômes du TDAH est de 3.4 ans (Barrickman, 1991) alors que l'âge moyen auquel les psychostimulants sont prescrits est de 6.4 ans. Notre objectif n'est pas d'encourager la prescription mais d'informer le clinicien, en décrivant les circonstances qui justifient une telle intervention. Pour ce faire, nous proposons ici des cas qui sont représentatifs de notre pratique courante, et non des exceptions.

M. était âgé de 4.3 ans lorsqu'il fut référé à notre clinique. Il était insupportable en classe où il frappait les autres enfants et perturbait le groupe de 22 élèves, et ce, malgré le fait qu'il disait aimer l'école. A la maison, il mordait et frappait dès qu'il était contrarié. Un système de récompense et de punition en vue d'une modification des comportements élaboré par les intervenants scolaires était resté sans grands résultats.

L'enfant fut admis à notre programme pré-scolaire d'une demi-journée pour une évaluation et un traitement plus intensif. Malgré une approche axée sur les habiletés sociales et un encadrement plus ferme, l'enfant ne faisait que peu de progrès. C'est alors qu'on prescrivit en dernier recours du Ritalin, à raison de 5 mg bid, qui fut ensuite augmenté à 10 mg bid. La réponse au traitement fut excellente et le suivi de M. a montré que, plus d'un an après, il maintenait toujours ses gains, mais en autant toutefois que la médication était prise. L'été suivant, le médicament fut cessé par la mère et l'enfant redevint aussitôt impulsif et agressif, ce qui nécessita la reprise du médicament en vue de la prochaine rentrée scolaire.

Le cas de M. illustre le fait que certains enfants diagnostiqués en bas âge continuent de manifester des difficultés plus tard, surtout si le TDAH est caractérisé par de l'agressivité et de pauvres capacités de socialisation. Campbell (1987) a suivi un groupe d'enfants hyperactifs depuis l'âge de 3 ans jusqu'à 6 ans. Les enfants dont les problèmes persistaient à 6 ans étaient ceux qui avaient montré originellement les symptômes les plus sévères, tant au niveau de l'agressivité qu'à celui de la socialisation.

Comme dans le cas de M., ces enfants répondent très peu aux interventions psycho-sociales et la prise de stimulants (qui représentent un genre de «colle psychologique») leur permet de bénéficier de leur environnement. Ces enfants auront la plupart du temps besoin de stimulants à long terme. Le clinicien doit donc décider si les risques d'un traitement pharmacologique se trouvent justifiés par les bienfaits qu'il peut procurer, en tenant compte de la comorbidité associée au TDAH caractérisé surtout par l'agressivité et ses conséquences bien connues, telles l'échec scolaire, le rejet social, une image négative de soi et l'épuisement parental.

L. 3.2 ans, fut évalué par notre service à à la suite d'une demande de sa mère. Son frère de 5.6 ans, déjà évalué par nous et diagnostiqué TDAH, était suivi dans notre centre de jour et recevait du Ritalin auquel il répondait bien. La mère aurait donné à L. de sa propre initiative un comprimé de Ritalin qui appartenait à son frère, alors qu'elle se trouvait complètement dépassée par le comportement de L.. L'enfant répondit à la médication par une baisse d'agitation. Pour donner un peu de répit à la mère, il fut alors placé dans une garderie afin de l'aider à améliorer ses habiletés sociales. Cependant, même s'il recevait du Ritalin à 5mg bid, il ne pouvait se calmer suffisamment pour respecter la sieste de l'après-midi. La Clonidine (0.05 mg) fut substituée au Ritalin et on nota une bonne réponse de l'enfant.

L'enfant a été éventuellement intégré en pré-maternelle régulière où il s'est bien adapté. Cependant, il continue d'éprouver la patience de sa mère à la maison. Lors de la visite de suivi en novembre dernier,

il continuait de bien fonctionner avec un traitement au Ritalinde 10 mg bid et de Clonidine à .1mg bid.

Ce suivi de trois ans d'un enfant qui s'était présenté à l'âge de 3.2 ans illustre plusieurs des indications de pharmacothérapie. Les troubles chez cet enfant se situaient dans un contexte familial où la mère était visiblement dépassée par les troubles présentés par ses deux enfants. L'épuisement parental a été ici le critère prédominant dans notre décision d'intervenir avec la médication. Comme dans le premier exemple, le contrôle des symptômes obtenu grâce aux psychostimulants a permis à l'enfant de bénéficier du cadre de la garderie et de la pré-maternelle où il a pu engager des interactions positives en termes d'apprentissage et de socialisation.

C., âgée de 1.5 ans était une fillette lors de sa première évaluation. La mère la décrit alors comme une enfant qui, depuis qu'elle a commencé à marcher, bouge constamment, monte et descend sans cesse les escaliers, touche à tout, grimpe partout et remue jusque dans son sommeil. Elle ne peut jamais être laissée seule. Les parents sont épuisés et il faut noter que la mère souffre d'une hyperthyroïdie. Pour ajouter au problème, le frère cadet est hyperactif lui aussi, même si dans son cas, le problème ne s'est révélé qu'au moment de sa rentrée en première année.

A cause du jeune âge de l'enfant, des mesures psychosociales furent d'abord essayées (support aux parents, services de garderie, répit de fin de semaine). A l'âge de deux ans, la persistance des symptômes d'hyperactivité chez l'enfant amena le médecin de famille à prescrire du Bénadryl (anti-histaminique), mais sans succès notable. La Dexédrine n'étant pas recommandée pour les enfants en bas de 3 ans, le Mellaril fut alors prescrit (10-20 mg par jour), ce qui produisit une amélioration temporaire qui ne dura en fait que deux mois. A trois ans, l'enfant fut placée sous Dexédrine (2.5 mg bid) auquelle elle répondit bien. Malheureusement, le suivi dans ce cas fut ensuite perdu.

Ce cas illustre aussi très bien les dilemmes causés par des interventions non seulement pharmacologiques mais psychosociales chez un enfant gravement handicapée par sa pathologie. Les trois exemples précités et plusieurs autres dossiers de notre clinique nous amènent à voir que le TDAH diagnostiqué à l'âge préscolaire reste problématique au cours des années et nécessite un traitement de longue durée. Malgré les réticences fondées et une prudence qui est toujours de rigueur lorsqu'il s'agit de psychopharmacologie infantile, on ne doit pas ignorer les effets attachés à la comorbidité et les conséquences du TDAH dans la famille, sur les relations entre parent et enfant et sur le développement social de l'enfant.

Les effets secondaires de la médication chez les enfants en bas âge sont habituellement des pertes d'appétit et de sommeil qui, comme chez les plus vieux, s'améliorent à l'intérieur de 3 ou 4 semaines. Bien que la Dexédrine puisse être prescrite dès l'âge de trois ans, ce médicament semble avoir plus d'effets sur l'appétit et le sommeil. Cependant, lorsque le bon dosage est établi, l'enfant peut être maintenu longtemps au même dosage.

Certains de ces enfants tendent aussi à pleurnicher continuellement, ce qui inquiète les parents. Cependant, ce problème n'est pas souvent relevé, et parmi les enfants affectés, on s'est aperçu qu'ils répondaient en fonction des modifications apportées à la posologie. D'autres enfants ont tendance à s'isoler de leurs pairs; on doit donc être sensible à ce problème et ajuster le dosage en conséquence. Les stimulants peuvent encore empirer certaines habitudes telles que se ronger les ongles. Il faut aussi surveiller l'apparition de tics nerveux éventuellement causés par la prise de psychostimulants. Le TDAH retrouvé chez l'enfant d'âge préscolaire peut parfois être un prodrome de la maladie de Gilles de la Tourette.

En résumé, il semble que les psychostimulants aient une utilité dans le traitement d'enfants hyperactifs d'âge préscolaire. La sévérité des symptômes associée à un système familial manifestement épuisé représente une forte indication en faveur de l'intervention pharmacologique. Certains cliniciens craignent d'engager l'enfant dans un traitement à long terme mais lorsqu'un diagnostic de TDAH est posé de façon précise, il s'avère chez la plupart des enfants un trouble chronique dont la comorbidité souvent étendue peut sérieusement nuire à l'estime de soi, aux capacités d'apprentissage, aux habiletés sociales de l'enfant de même qu'à son milieu familial.

Notre prochaine chronique portera sur le contrôle pharmacologique de l'agressivité chez l'enfant. Nous invitons nos lecteurs et lectrices à partager leurs expériences et à nous adresser leurs commentaires dont nous ferons état dans un prochain numéro.

Le courrier doit être adressé comme suit:
Département de Pédopsychiatrie
Hôpital Royal d'Ottawa,
1145, avenue Carling,
Ottawa, Ontario K1Z 7K4

LE TRAITEMENT MULTIMODAL DE L'ENFANT HYPERACTIF

Une équipe psychiatrique de l'Hôpital de Montréal pour les Enfants sous la direction du Dr Gabrielle Weiss est connue depuis longtemps pour ses recherches longitudinales sur le trouble déficitaire de l'attention avec hyperactivité. Une autre équipe du même hôpital, cette fois sous la direction du Dr Lily Hechtman, s'attaque maintenant à la problématique du traitement de ce trouble que l'on découvre de plus en plus complexe, car il comprend, en plus des deux symptômes décrits plus haut, des problèmes scolaires, émotionnels et sociaux.

Plusieurs méthodes de traitement ont été essayées au cours des quatre dernières décennies, de la médication psychoactive (notamment des stimulants comme le Ritalin) à la remédiation scolaire et au tutorat, en passant par les traitements comportementaux, les thérapies cognitives et l'entraînement aux habiletés sociales, pour ce qui regarde les enfants, et la formation parentale et la guidance en ce qui regarde les parents. La pratique clinique a bien montré qu'utilisés isolément, tous ces traitements sont insuffisants, car ils ne répondent qu'à une partie limitée du problème.

Une deuxième génération de chercheurs, en pairant plusieurs de ces traitements, a obtenu des résultats plus satisfaisants qu'auparavant mais cependant pas suffisamment significatifs pour régler le problème. Enfin, une troisième génération de chercheurs, en particulier Satterfield et ses collaborateurs, a mis au point un traitement «multimodal» comprenant une combinaison de médication stimulante avec au moins deux autres types d'intervention (une thérapie de l'enfant et une intervention auprès des parents), combinaison décidée selon le jugement clinique de ces chercheurs.

Cette combinaison thérapeutique a donné des résultats particulièrement favorables. Cependant, ce dernier type d'intervention est difficilement généralisable, car les divers traitements donnés en combinaison ont été faits sans randomisation, ni contrôle ni groupe témoin, ce qui empêche de mesurer exactement la part de chacun dans le résultat final. La recherche commencée par le Dr Hechtman ajoutera précisément les éléments de méthodologie qui manquaient au traitement multimodal cité plus haut. Les enfants seront répartis au hasard (i.e. randomisés) dans trois sortes de traitement, soit l'approche multimodale, l'approche de traitement intensif du contrôle émotionnel et l'approche conventionnelle (pour plus de détails, voir l'article de cette auteure dans le présent numéro). Ceci constitue une entreprise promettteuse dont nous attendons les résultats avec grand intérêt.

LABORATOIRE DE PSYCHOPHYSIOLOGIE COGNITIVE ET DE NEUROPSYCHIATRIE

L'arrivée au Département de psychiatrie de l'Hôpital Sainte-Justine du Docteur Philippe Robaey permet d'envisager une approche nouvelle en psychiatrie de l'enfant qui intègre les aspects psychosociaux, cognitifs et neuro-biologiques des troubles du développement. Clinicien chercheur et spécialiste de la psychophysiologie cognitive, le Dr Robaey a contribué d'importants travaux sur l'hyperactivité, en particulier, sur les modalités de traitement de l'information repérées au moyen de composantes du potentiel évoqué. Le docteur Laurent Mottron, spécialisé dans la neuropsychologie de l'autisme, et Hans Stauder qui vient de terminer un doctorat en psychophysiologie du développement à l'Université d'Amsterdam, se sont associés récemment à l'unité de recherche.

Le laboratoire, à la pointe des techniques d'imagerie fonctionnelle cérébrale, est équipé pour l'analyse des potentiels évoqués cognitifs enregistrés chez des enfants qui, en situation de test, réalisent des tâches très diverses (par ex., répondre à un stimulus visuel ou auditif en fonction d'une consigne). Les mesures prises sur ces potentiels serviront à l'étude du traitement de l'information normal et pathologique au cours du développement. De plus, des méthodes d'analyse du signal devraient permettre de localiser, à partir de la cartographie des régions cérébrales actives, les structures neuronales impliquées dans les troubles étudiés.

L'activité du laboratoire est centrée sur des problèmes d'ordre psychiatrique ou concernant la santé mentale.

Parmi les champs d'intérêt abordés, on retrouve les troubles du comportement de type disruptif, (en particulier, l'étude du contrôle moteur dans l'hyperactivité et le syndrome de Gilles de la Tourette) et l'autisme infantile (en particulier, l'étude des capacités cognitives propres à ces enfants).

Dans le domaine de la santé mentale, les chercheurs s'intéresseront aux répercussions du cancer et de ses traitements sur la santé mentale des enfants, aux relations entre l'alexithymie et la gravité de l'asthme, et aux conséquences de la grande prématurité sur le développement cognitif d'enfants d'âge préscolaire. Nul doute que ces travaux et les résultats de ces expérimentations feront l'objet de futures chroniques.

Jean-François Saucier,
psychiatre

Errata

Dans le dernier numéro de P.R.I.S.M.E., une erreur s'est glissée en page 105.

On aurait dû lire: Le manque d'un attachement père-fille fort serait également un facteur de risque d'abus sexuel intrafamilial.

INVITATION

Une invitation toute spéciale à nos lecteurs à nous soumettre des textes qui peuvent prendre la forme d'essai, de présentation clinique ou de réflexion théorique sur des questions cliniques ou d'actualité.

Nous sommes toujours heureux de recevoir vos contributions qui pourraient être publiées dans la section hors-thème de la revue.

Aux auteurs dont la langue maternelle est autre que le français, la rédaction offre un service de révision linguistique pour faciliter l'édition de leurs textes en français, sans pouvoir cependant traduire des textes entiers pour l'instant.

Le manuscrit doit être concis et rédigé en français dans un style compréhensible, dactylographié à double interligne et ne pas excéder 10 pages. Les parties moins importantes du texte seront marquées.

Le manuscrit sera soumis anonymement à trois membres du comité de lecture pour arbitrage. Les détails de révision seront communiqués à l'auteur. L'auteur doit garder une copie de son manuscrit et envoyer trois exemplaires à la revue.

Les tableaux, figures et illustrations doivent être conçus de manière à être intelligibles avec emplacement dans le texte. Ils doivent être produits sur des pages séparées. Pour les références , vous référer aux références dans la revue. Si présenté sur traitement de texte (Word Perfect 5.0 ou 5.1 IBM; Word MacIntosh), pas de tabulation, pas de retour de chariot et ne pas faire de mise en pages. Introduction et revue de littérature, matériel et méthodologie, résultats et discussions : un sommaire de moins de 100 mots doit être fourni et traduit en anglais. Une brève note sur l'auteur permettant de connaître sa profession, son champ d'activité et ses intérêts est souhaitée.

La revue publiera le détail d'événements scientifiques à venir s'ils nous sont communiqués au moins trois mois avant la date de l'événement.

Pour information: Denise Marchand, tél.: (514) 345-4695 poste 5701

Règles à suivre pour la rédaction et la normalisation des références pour P.R.I.S.M.E.[1]

1. L'exactitude des références demeure la responsabilité de l'auteur.
2. Les références doivent être vérifiées par les auteurs d'après les documents originaux.
3. Les auteurs doivent s'assurer que toutes les références sont citées dans le texte.
4. Les abréviations des noms de revues doivent être conformes à l'usage reconnu par **Index Medicus**.
5. On peut citer jusqu'à trois auteurs, suite de «et al» dans le cas où il y en a plus de trois.
6. Utiliser les formulations des exemples qui suivent.

Articles de revue
Fraiberg S, Adelson E, Shapiro V. Ghosts in the nursery: a psychoanalytic approach to the problems of impaired infant-mother relationships. **J Am Acad Child Psychiatry** 1975;14:387-42l.

Diorio G. Les enfants victimes de maltraitance: une étude clinique. **P.R.I.S.M.E.** 1992;3(1):32-39.

Livres et autres monographies
Barker P. **Basic child psychiatry**. 2nd ed. Baltimore: University Park Press, 1976.

Saucier JF, Houde L, Eds. **Prévention psychosociale pour l'enfance et l'adolescence**. Montréal: Presses de l'Université de Montréal, 1990.

Chapitre d'un livre ou d'une monographie
Anders TF. Sleep disorders: infancy through adolescence. In: Wiener JM, Ed. **Textbook of child & adolescent psychiatry**. Washington: American Psychiatric Press, 1991: 405-415.

---

[1] Ces normes sont tirées de:
Exigences uniformes pour les manuscrits présentés aux revues biomédicales. **Can Med Assoc J** 1992;146(6):871-878.

Mercredi 13 janvier 1993,
12h00
Grand Salon, C.H. Pierre-Janet
Typologie d'après Jong: aspects cliniques et résultats d'évaluation d'une équipe multidisciplinaire
Dr J. Skoczkowski, Mme N. Delbekee et Mme D. Thivierge
Pour informations:
Mme C. Rocheleau (819) 771-7761

Vendredi 29 janvier 1993,
9h30 - 12h00
Amphithéâtre Justine-Lacoste-Beaubien
Hôpital Sainte-Justine
CARREFOUR SCIENTIFIQUE
L'adaptation humaine: un processus biopsychosocial à découvrir
Monique TREMBLAY, professeur,
Technique d'Education spécialisée
Collège de la Région de l'Amiante
Pour informations: Mme D. Marchand
(345-4695, poste 5701)

Jeudi 18 février 1993,
11h00 - 12h00
Salle de Réunion de la Maison Rouge, Pav. Albert-Prévost
Une psychothérapie d'adolescent: le sens des agirs
Dr Claudine TREMBLAY

Jeudi 18 mars 1993,
11h00 - 12h00
Salle de Réunion de la Maison Rouge, Pav. Albert-Prévost
L'interprétation kleinienne de l'adolescence
Dr Mounir SAMY
S'inscrire auprès de Mme A. Aubespin
(338-4355)

Vendredi 2 avril 1993,
8h15 - 17h00
Le Quatre Saisons, Montréal

Enfants et familles d'immigrants et de réfugiés: rôle de la culture et de l'ethnicité dans l'évaluation et le traitement
Organisé par la Division de Pédopsychiatrie, Univ. McGill
Dr J. David KENZIE, Université d'Oregon, Dr Marie Rose MORO, Hôpital Avicenne, Paris.
Renseignements et inscription:
Mme N. Prud'homme (934-4449)

Jeudi 15 avril 1993,
11h00 - 12h00
Salle de Réunion de la Maison Rouge, Pav. Albert-Prévost
L'observation famille-enfant: une expérience d'enseignement et de formation à l'Hôpital de Montréal pour Enfants
Dr J. Royer, Dr R. Russell et Dr. M. Grignon
S'inscrire auprès de Mme A. Aubespin
(338-4355)

Vendredi 16 avril 1993,
9h00 - 17h00
Ramada Renaissance Hôtel du Parc
3625, avenue du Parc, Montréal
SYMPOSIUM SUR L'AUTISME
Organisé par la Société Québécoise de l'Autisme
Thème: Recherche et Education
Sandra L. HARRIS, Rutgers University, Bernard RIMLAND, San Diego.
Pour informations: GEMS/Autisme 93 (485-0855)

Du 26 au 29 mai 1993
11e Congrès annuel de la Corporation professionnelle des psychologues du Québec
Palais des Congrès, Montréal
Pour informations: CPPQ,
738-1881 ou 1 800 363-2644.

OBJECTIFS ET CHAMP D'INTÉRET

P.R.I.S.M.E. vise la promotion de la théorie, de la recherche et de la pratique clinique en psychiatrie et en santé mentale de l'enfant et de l'adolescent, incluant toutes les disciplines afférentes, par la publication en langue française, de textes originaux portant sur le développement, sur ses troubles, sur la psychopathologie et sur les approches biopsychosociales déployées dans ce champ. L'apport grandissant de nombreuses disciplines connexes aux progrès réalisés en pédopsychiatrie et en psychologie du développement incite la revue à encourager les contributions des membres de ces diverses spécialités.

Chaque numéro comprend un dossier sur un thème d'intérêt regroupant des textes abordant divers aspects de la question. Il pourra être élaboré par l'équipe de rédaction ou par un groupe particulièrement intéressé à un sujet donné agissant à titre d'éditeur invité avec le support technique de l'équipe.

Les textes doivent présenter une qualité autorisant leur présentation à un public constitué d'intervenants, de cliniciens, d'enseignants, d'étudiants universitaires et de chercheurs. Ils pourront prendre l'une ou l'autre des formes suivantes:

Les articles originaux doivent apporter une contribution originale aux con-naissances empiriques, à la compréhension théorique du sujet abordé ou au développement de la recherche clinique. Les revues de littérature passeront en revue un important champ d'intérêt en santé mentale de l'enfant et de l'adolescent ou des interventions spécialisées auprès des enfants et de leurs familles. Les présentations de cas couvriront des questions cliniques importantes ou innovatrices sur le plan du diagnostic, du traitement, de la méthodologie ou de l'approche. Les rapports de recherches présenteront de façon aussi concise que possible la recherche effectuée incluant des références et un minimun d'informations sous forme de tableaux et de figures. Le courrier des lecteurs est consacré aux discussions à partir de textes préalablement publiés dans la revue. Les auteurs auront droit de réponse. Des présentations d'intérêts faites dans le cadre de colloques ou journées d'études pourront être publiées. Les personnes ayant produit un document vidéo portant sur la santé mentale de l'enfant ou les domaines voisins sont invitées à faire parvenir une brève description. Les personnes engagées dans une activité de recherche en psychiatrie de l'enfant, en psychologie du développement et dans des disciplines connexes , sont invitées à communiquer à la revue un aperçu d'une recherche en cours ou récemment achevée.

---

coupon d'abonnement (4 numéros)

Veuillez m'abonner au tarif:

Particulier ❏ 38.00$ + *2.66$ = 40.66$ étudiants** ❏ 26.00$ +*1.82$ = 27.82$

institution ❏ 70.00$ + *4.90$ = 74.90$ de soutien ❏ 80.00$ +*5.60$ = 85.60$

*T.P.S.

Nom......................................   Profession..

Employeur ....

Adresse ....

Ville...............................Province ....

Tél.:...

** photocopie de la carte d'étudiant en cours de validité

Paiement par chèque ou mandat-poste à l'ordre de P.R.I.S.M.E.,Hôpital Sainte-Justine.

Aperçu du prochain numéro, printemps 1993, vol. 3 no3

Cahier scientifique

Dossier: L'école face aux différences

En panne - (aperçus sociologiques de l'école québécoise actuelle).
C. Lessard

Du soi professionnel de l'enseignant. *A. Abraham*

La représentation de l'école chez l'enfant de 6 ans. De l'espace matriciel à l'espace mortifère. *H. Caglar*

Le vécu de l'enseignant(e) face aux enfants en difficultés d'apprentissage (panel). *G. Vincelli*

Les relations entre parents et enseignantes en milieu pluriethnique: du malentendu à la compréhension mutuelle. *J. Hohl*

L'école alternative, élément dynamique d'un nouveau projet de société.
C. Caouette

Petite histoire québécoise des théories d'apprentissage en cas de difficulté scolaire. *J. Gaudreault*

La différence, une nécessité au coeur de la pédagogie (expérience d'intégration et réflexions d'une enseignante à l'école alternative).
M. Godard

LOUP: Paul Leguerrier, Auguste et Albert (du métider d'enseignant)

Thèmes des prochains numéros

- Traitement psychanalytique d'enfant
- Les psychoses infantiles.
- Les enjeux du placement familial.
- La rééducation en centre d'accueil.

P.R.I.S.M.E.
Service des publications
Hôpital Sainte-Justine
3175 chemin de la Côte Sainte-Catherine
Montréal, Québec,
H3T 1C5